24/06

Es gibt keine Lösung für das Problem der Armen, wenn nicht zugleich das Problem der Reichen gelöst wird. Solidarität mit den Armen ist keine bloße Möglichkeit, sie ist vielmehr eine wesentliche Notwendigkeit, Kennzeichen der Mitarbeit im Reich Gottes.

René Padilla

René Padilla

Anstiftung

Evangelium für
die armen Reichen

BRENDOW VERLAG

Die Bibelzitate sind der Lutherbibel in der revidierten Fassung von 1984 entnommen, herausgegeben von der Evangelischen Kirche in Deutschland und vom Bund der Evangelischen Kirche in der DDR (Deutsche Bibelgesellschaft Stuttgart, 1985).

CIP-Kurztitelaufnahme der Deutschen Bibliothek

Padilla, René:
Anstiftung : Evangelium für d. armen Reichen /
René Padilla. — Moers : Brendow, 1986.
(Edition C : C ; 202)
ISBN 3-87067-282-X
NE: Edition C / C

ISBN 3-87067-282-X
Edition C — C 202

Umschlaggestaltung: Thomas Georg, Stuttgart
Übersetzung: Almut Heßler und ein Team der
Offensive Junger Christen, Bensheim
Printed in Germany

Inhalt

Einführung von Horst-Klaus Hofmann

Mein ehrliches Verlangen ist es,
zu hören und für andere hörbar zu machen,
was der Geist Gottes der Gemeinde heute sagt,
damit wir tun können, was ER sagt.
C. René Padilla, 1986

In unserer europäischen Christenheit haben wir weithin den *Überblick* über unsere gegenwärtige Weltlage verloren.

Vielerorts wird versucht, aus vertrauten Stadtplänen eine globale Orientierung zu gewinnen. Das Gespräch zwischen Vertretern der Nordwelt und der Südwelt leidet unter unseren Vorentscheidungen, unter der stillschweigenden Vorherrschaft herkömmlicher europäischer Denkraster und Handlungsanweisungen.

Christen aus den verschiedensten Traditionen und Gruppierungen suchen einen biblisch-prophetischen *Durchblick* durch eine Vielfalt bedrängender Krisen, Konzepte und Konflikte. Solche Klarsicht ist unerläßlich, damit der von der christlichen Gemeinde erwartete Beitrag zur Bekämpfung gegenwärtiger Notstände angemessen eingebracht werden kann: geistlich vollmächtig, politisch nüchtern-sachgemäß und menschlich hilfreich-vertrauenswürdig.

In diesem Fragenkreis begegnen wir René Padilla und seiner Botschaft. Was wir hören und lesen läßt aufhorchen und erlaubt keine distanziert-gleichgültige Neutralität. Padilla scheut sich nicht, heiße Eisen anzufassen und zwingt zum Mitdenken. Seine Beiträge kommen nicht aus einer vollklimatisierten europäischen Studierstube. Sie sind nicht „nach allen Seiten abgesichert“ und nicht „voll ausgewogen“. Sie sind geprägt vom leidenschaftlichen Herzschlag eines Lateinamerikaners, der von klein auf am eigenen Leib Armut und Entbehrungen erlebt hat, den aber das Evangelium von Jesus Christus befreit hat aus Bitterkeit und Verzweiflung für eine leidenschaftliche Liebe zu Gott und seinen Zeitgenossen.

C. René Padilla wurde 1932 in Quito, Ecuador, geboren. Sein Vater, ein einfacher Schneider, zog mit der Familie nach Bogota, Kolumbien. Dort wuchs René als Kind armer, bewußt evangelischer Eltern in einer Zeit politischer Morde an Pfarrern und Brandstiftung an Kirchengebäuden auf. Regelmäßiger Gemeindebesuch galt als subversiv. Da war es teuer, evangelikal zu sein, bewußt einer Minderheit anzugehören!

„In der Grundschule nannten sie mich Kommunist, Lutheraner oder Freimaurer." In der Oberschule versuchten einige seiner Lehrer, den begabten Jungen in vielen Diskussionen von seinen christlichen Überzeugungen abzulösen. Andere wollten ihren Schülern beibringen, daß der Marxismus die einzige Antwort auf die Probleme Lateinamerikas sei. Renés Vater, der schlichte Christ mit geringer Schulbildung, konnte die bohrenden Fragen seines Jungen nicht beantworten. Aber, so erzählt sein akademisch gebildeter Sohn heute – „das war auch nicht nötig". Obwohl er mir auf intellektueller Ebene nicht helfen konnte, half mir sein Beispiel. Er hatte uns eine Umwelt geschaffen, in der mein Glaube wachsen konnte."

Um aber endlich die notwendigen Antworten auf seine drängenden Fragen zu finden, reiste René mit geliehenem Geld nach USA und studierte in Wheaton, Illinois. Als Werkstudent verdiente er sich Studium und Lebensunterhalt. In einer armen Gemeinde lebte er zusammen mit Einwanderern aus Puerto Rico und Mexico.

„Ich hatte ziemlich viel Wissen in Theologie und Griechisch und so, aber was wir aus Glauben zu sozialen Problemen sagen, und wie wir uns als Gemeinde zu Armut und Ungerechtigkeit verhalten, auf diese Fragen hatte ich noch keine Antwort. Durch meine Freunde aber verlor ich die Verbindung zu den Armen nicht."

Mitarbeit und Leiterschaft in der christlichen Studentenarbeit und die Verantwortung als junger Seelsorger zwangen ihn dazu, „wirklich die Bibel zu nehmen und den Fragen nachzugehen, und dabei zu versuchen, ein neues Verständnis für das biblische Wort zu gewinnen. Es war für uns eine gewaltige Entdeckung zu sehen, daß die Bibel sehr viel über Reichtum und Armut sagt."

René promovierte zum Doktor der Theologie. Dann kehrte er nach Lateinamerika zurück, um Studenten zu helfen, konsequent als Christen denken und leben zu lernen. „Wir haben versucht zu zeigen, wie wichtig es ist, die Liebe Gottes so zu leben, damit andere sehen, daß Gott tatkräftige Liebe ist.“ –

Fast zwanzig Jahre lang reiste Padilla, inzwischen verheiratet, als Sekretär der Internationalen Studentenmission (IFES) für Lateinamerika kreuz und quer durch den Kontinent und nach Übersee. Der Dienst des jungen, dynamischen Predigers wurde in Evangelisationen, Seminaren und Konferenzen geschätzt. Seine Stimme erhielt Gewicht in internationalen Studiengruppen und Beratungsgremien. 1970 gründete er für Lateinamerika eine überkonfessionelle theologische Bruderschaft und später, mit Freunden, eine Zeitung: ’MISIO’. Ein Höhepunkt der weltweiten Tätigkeit wurde 1974 seine revolutionäre Rede in Lausanne beim Weltkongreß für Evangelisation. Seitdem ist die internationale Diskussion innerhalb der evangelikalen Bewegung über das Verhältnis von Glauben und sozialer Verantwortung auch mit seinem Namen verbunden.

Wie Padilla das Evangelium sagt, reizt häufig zum Widerspruch. Darum wird in verschiedenen Ländern versucht, ihn mit den widersprüchlichsten und gegensätzlichsten Etiketten festzulegen und abzustempeln. Aber Padillas Freunde und Gegner wissen, daß ihm die Heilige Schrift als verbindliche Lebens- und Lehrgrundlage eine vertrauenswürdige, tragfähige Basis ist. Sie betonen aber auch immer neu, daß er in die gängigen Gruppenklischees nicht hineinpaßt, so daß er als ’theologischer Außenseiter’ bezeichnet wird. Damit ist er in bester Gesellschaft, weil der Jünger nicht über dem Meister sein kann (Matth. 10,24). Theologisch vertritt Padilla damit eine offene, zukunftsträchtige Position. Manche Angriffe beantwortet er mit dem Hinweis: „Die meisten von uns Evangelikalen akzeptieren unkritisch eine simple und stark vereinfachende Analyse der gesellschaftlichen, wirtschaftlichen und politischen Realitäten.

Diese vereinfachte Sicht kennt nur zwei Alternativen: Entweder ’demokratischer Kapitalismus’ oder ’marxistischer Sozialismus’... Es reicht schon aus, sich nicht deutlich für die eine und gegen die andere Ideologie auszusprechen, um, je nachdem, von den Linken oder Rechten angegriffen zu werden.“ Aber: „Die Jünger Jesu sind dazu berufen, den politischen Bereich zu ’christianisieren’, niemals aber dazu, den Glauben zu ’politisieren’; für das zu sterben, was sie lieben, niemals aber für das zu töten, was sie glauben... Wir sind berufen, in der Welt zu sein, ohne von der Welt zu sein.“ –

Was er als Konferenzredner gefordert hatte, – Umsetzung ethisch-sozialer Verantwortung der Christen im Alltag – das packte er 1977 selber an, indem er sich in Buenos Aires zum Pfarrer einer kleinen, bürgerlichen Mittelstandsgemeinde wählen ließ. Diese Baptistengemeinde (La Lucila) entdeckte unter seiner Verkündigung das „Evangelium für die armen Reichen" und wurde selber aktiv, um als „Gemeinschaft von Sündern" anderen in Not zur Seite zu stehen. So entstand ein gemeindlicher Dienst an jungen Drogenabhängigen und eine missionarisch-sozialdiakonische Randgruppenarbeit im Slum-Gebiet einer Vorstand von Buenos Aires (San Fernando). 1976 gründete R. Padilla mit anderen evangelikalen Leitern eine verbindliche Gemeinschaft, die Kairos-Community. Auf ihrer Grundlage entsteht nach zehnjähriger Vorarbeit in diesen Monaten in Argentinien ein bruderschaftliches Lebens- und Arbeitszentrum. Inzwischen haben seine Frau Kathy und er fünf eigene Kinder großgezogen! Was immer er sagt und tut, – er will anstiften zu einem Christenleben in Gemeinschaft, in dem der Glaube durch die Liebe tätig wird. (Gal. 5,6).

Sein Traum von einer missionarischen Gemeinde mit geistlichen Familien beginnt sich allmählich zu verwirklichen: „Wir werden kleine Gemeinschaften ins Leben rufen, wo Christen aus verschiedenen Ländern mit verschiedenen Fähigkeiten zusammenleben und so als Team einen Dienst aufbauen können, um Menschen in Bedrängnis zu helfen."

Ihn selber trägt und treibt die Hoffnung, „daß unsere christliche Mission wieder ganzheitlich werde und unsere gespaltene Welt durchs Evangelium Heilung finde." Dazu will René Padillas Zeugnis anstiften. Daß solche Anstiftung dem Willen seines und unseres Auftraggebers entspricht, ist unmittelbar im Neuen Testament nachzulesen. Dort, im Evangelium des Arztes Lukas (12,49), sagt Jesus selbst: „Ich bin gekommen, ein Feuer anzuzünden auf Erden. Was wollte ich lieber, denn es brennete schon."

Bensheim, 1986 *Horst-Klaus Hofmann*

René Padilla mit seiner Familie.

Eine Baptistengemeinde entdeckt ihre Verantwortung für die Slumbewohner.

Zwei der Mitarbeiter des Missionsteams „Fe y vida" (Glaube und Leben).

San Fernando, eines der zahlreichen Elendsviertel am Rand von Buenos Aires.

Jugendliche Slumbewohner wachsen unter Padilla und seinem Team zu verantwortlichen Gruppenleitern heran.

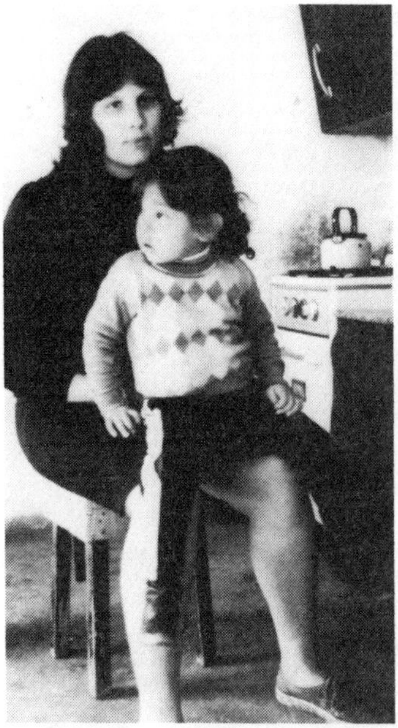

Arbeitslosigkeit, Alkohol und Armut prägen den Alltag der oft zerrütteten Familien.

An Kindern ist kein Mangel. Sie treffen sich zum Spielen, Singen und Hören von biblischen Geschichten.

Mit Hilfe von deutsch-schweizer Freunden konnte dieses Haus als Jugendzentrum erworben werden. Die Jugendlichen helfen mit beim Umbau.

Nachhilfeunterricht verbessert die Ausbildungs-Chancen und hilft, den Kreislauf der Armut zu durchbrechen.

In der Kinderkrippe gibt es regelmäßig warmes Essen. Für viele Kinder ein ungewohnter Luxus. Die Mütter verdienen den Lebensunterhalt als Putzfrauen.

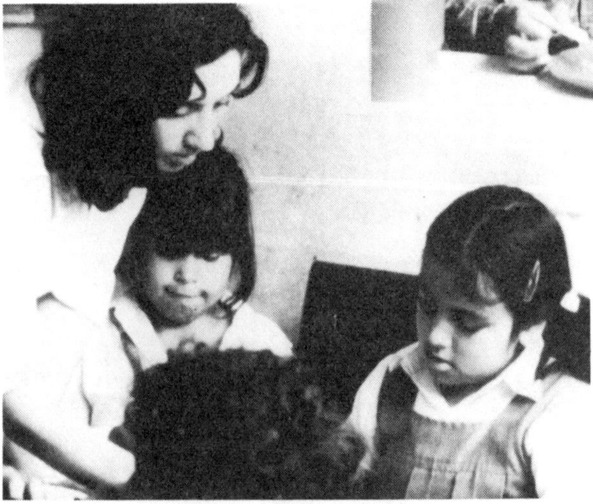

Die Gemeinde half bei der Einrichtung einer Autoreparatur-Werkstatt — eine bescheidene Arbeitsbeschaffungsmaßnahme.

Regelmäßig führt die Gemeinde Kleidersammlungen für kinderreiche Familien in den Slums durch. In Nähkursen werden die Frauen angeleitet, Kleidungsstücke selbst zu fertigen.

Das Mitarbeiterteam gestaltet und verteilt alle zwei Monate die Zeitschrift „EXPRESION". Sie befaßt sich mit den Sorgen der Slumbewohner und lädt ein zu Bibelabenden, Freizeiten und Straßenfesten.

I. Neutestamentliche Perspektiven für einen einfachen Lebensstil

Ein Aufsatz, der von der Problematik des Lebensstils handelt, sagt vermutlich mehr über den Autor als über das gestellte Thema. Lebensstil und Person lassen sich nicht trennen. Deshalb ist es kaum zu vermeiden, daß man auch Aussagen über sich selbst, über die eigenen Werte und Ziele macht.

In diesem Zusammenhang muß die Frage erlaubt sein, ob überhaupt Richtungsweisendes zum Thema Lebensstil gesagt werden kann, wenn das Motto gilt: „Sage mir, wie jemand lebt, und ich sage dir, was er zur Frage des Lebensstils sagen wird!"

Diese Schwierigkeiten lösen sich nicht einfach auf, indem man den Lebensstil zum Thema einer biblischen Betrachtung macht. Hat die Armut Jesu beispielsweise irgendeine Bedeutung für die Nachfolge in unserer Zeit? Oder ist sie so zu deuten, daß sie allein durch seinen Auftrag verursacht war? Sollte man bei der Interpretation des Satzes „Selig sind, die da geistlich arm sind" von dem Wort 'arm' ausgehen, oder liegt hier die Betonung auf 'geistlich'? Was meinte Jesus, als er von sich sagte, er sei gekommen, den Armen die frohe Botschaft zu verkünden? Hat der „Liebeskommunismus" der Urkirche für Menschen, die im Überfluß leben, eine Bedeutung für ihre Beziehung zu den Menschen, die hungern? Oder sollte man diesen Gedanken beiseite lassen? Handelt es sich bei der Urgemeinde um ein interessantes Experiment, das auf den übersteigerten Idealismus von Menschen zurückzuführen ist, die zur „Zeit des Heiligen Geistes" lebten? All diese und viele andere Fragen, bei denen es um den Lebensstil geht, werden von verschiedenen Autoren unterschiedlich beantwortet. Sind nun alle diese Aussagen gleichermaßen gültig? Oder gibt es eine Möglichkeit, die Bibel ohne ideologische Voreingenommenheit zu verstehen?

Wenn Christen Lebensstilfragen diskutieren, so fragen sie damit nach dem Reich Gottes. Sie stellen keine spekulativen Fragen, sondern sie möchten wissen, welche Art zu leben dem neuen Äon entspricht, das in Jesus Christus bereits angebrochen ist. Da werden gerade diejenigen das Himmelreich schauen, die wissen, daß sie geistlich arm sind.

Nun weiß ich, wie leicht es ist, das Evangelium geistlich zu überhöhen, um sich seinen Forderungen bezüglich des Lebensstils zu entziehen. Ich teile jedoch nicht den Optimismus derjenigen, die meinen, wir Christen würden bereitwillig den Forderungen der Bibel folgen und unser Leben damit in Übereinstimmung bringen, wenn wir nur verstünden, was sie zu diesem Thema sagt. Es ist auch möglich, die Bibel so zu lesen, daß sie einen Lebensstil bestätigt, der sich aus linksgerichteten Ideologien ableitet. Mein ehrliches Bedürfnis ist es, zu hören und für andere hörbar zu machen, was der Geist Gottes der Gemeinde heute zum Thema eines einfachen Lebensstils sagt, damit wir tun können, was er sagt. Zuerst möchte ich in diesem Kapitel untersuchen, welche Bedeutung der Armut Jesu für die christliche Nachfolge zukommt, dann gehe ich der Frage nach, wie die Lehre und das Leben Jesu in der frühen Kirche verwirklicht wurden und was die Lehre der Apostel zum Thema Reichtum sagt. Im letzten Teil ziehe ich einige Konsequenzen für unsere heutige Situation.

1. Jesus und die Armut

Das Bild der Evangelien von Jesus zeigt einen Menschen, der sein ganzes Leben lang materielle Armut kannte. Bei seiner Geburt fehlte es an den normalen Annehmlichkeiten, er lag in einer Futterkrippe (Lk 2,7). Das Opfer, das Joseph und Maria bei seiner Darstellung im Tempel brachten, war eine Gabe, die nach dem Alten Testament für arme Leute festgesetzt war: ein Paar Turteltauben oder zwei junge Tauben (Lk 2,23). Schon früh in seinem Leben war Jesus ein Flüchtling (Mt 2,14). Er wuchs in Galiläa, einer unterentwickelten Region Palästinas, in einer Zimmermannsfamilie auf (Mt 2,22f). Damit gehörte er in den Augen vieler seiner Zeitgenossen zu den Unterprivilegierten (s. Joh 1,46; Mt 11,55; Mk 6,3). Als er seinen Auftrag erfüllte, hatte er kein Zuhause, das er sein eigen nennen konnte (Lk 8,1).

Hinsichtlich seines Lebensunterhaltes war er von der Freigebigkeit einer Gruppe von Frauen abhängig (Lk 8,2).

Die Armut Jesu ist eine unstrittige geschichtliche Tatsache, über die alle vier Evangelien in ihren Aussagen übereinstimmen. Um sie in ihrer Bedeutung verstehen zu können, müssen wir sie im Licht der jüdischen Frömmigkeit zur Zeit Jesu betrachten. Danach war Armut gewöhnlich ein Fluch und Reichtum ein Zeichen für den Segen Gottes.[1] Zugleich aber müssen wir die Armut Jesu im Rahmen dessen sehen, was Martin Hengel zu Recht „Jesu freie Haltung zum Eigentum"[2] genannt hat, die in seinem Umgang mit wohltätigen Frauen (Lk 8,2f; vgl. Lk 10,38f) und in seiner Bereitschaft, an Festessen von Reichen teilzunehmen, zum Ausdruck kommt (Lk 7,36ff; 11,37; 14,1-12; Mk 14,3ff). Damit handelte er sich den Vorwurf ein, er sei ein „Fresser und Weinsäufer" (Lk 7,34). Jesus war also offensichtlich kein Verfechter einer rigorosen Askese.

Mit dieser Beschreibung im Hinterkopf stellt sich für uns immer noch die Frage, ob sowohl seine Absicht, die Frömmigkeit der Juden herauszufordern, indem er sich mit den Armen identifizierte, als auch seine freie Einstellung zum Reichtum zur Erhellung der Frage nach einem dem Reich Gottes angemessenen Lebensstil beiträgt. Oder ist das Beispiel Jesu für unser Leben in der Nachfolge völlig ohne Bedeutung?

Bei unserer Antwort auf diese Frage sollten wir berücksichtigen, daß Jesus sich immer in besonderer Weise der Armen angenommen hat. Wir stellen fest, daß Jesus, arm und sich selbst als frei von jeder Sünde betrachtend, in der Armut keine direkte Folge persönlicher Schuld gesehen haben kann. Es könnte den Anschein erwecken, daß die Armut Jesu als etwas für seine Jünger zu allen Zeiten Wünschenswertes betrachtet worden sei, als eine Tugend etwa oder als ein Mittel, um Gott näher zu kommen. Eine solche Idealisierung der Armut ist jedoch nicht berechtigt, wenn man die freie Einstellung Jesu zum Besitz berücksichtigt. Wo auch der Grund für seine eigene Armut gelegen haben mag: es ist offensichtlich, daß er nicht die Absicht hatte, sie als einen positiven Wert darzustellen. Wie Julio de Santa Ana zu Recht hervorgehoben hat, wird Armut in der Bibel immer wieder nicht als eine Tugend, sondern als ein Übel dargestellt, das es auszumerzen gilt, und dem sich Gott in besonderer Weise annimmt.[3] Es deutet alles darauf hin, daß Jesus diese Haltung teilte.

Die besondere Sorge Jesu um die Armen

Wir haben festgestellt, daß die Berichte der Evangelien Jesu Leben in materieller Armut klar aufzeigen. Sie schildern zugleich auch, wie er sich in besonderer Weise der Armen, Bedürftigen und der Unterdrückten annahm. Es ist höchst unwahrscheinlich, daß Jesus in einer Zeit, in der die Menschen einer hohen Steuerlast unterworfen waren, weil sie sowohl Tempelsteuern als auch Abgaben an den Kaiser von Rom zu entrichten hatten, durch die Städte und Dörfer gehen konnte, ohne die Armut zu sehen, in der die breite Masse der Bevölkerung lebte. Krankheiten und Gebrechen, von denen er so viele Menschen heilte, waren nur ein Aspekt der verzweifelten Lage, in der sich die Scharen von Menschen befanden, die auf sein Mitleid zählen konnten: „Sie waren verschmachtet und zerstreut wie die Schafe, die keinen Hirten haben" (Mt 9,36).

Die Einstellung Jesu zu den Armen kommt in der Fassung der Seligpreisungen nach Lukas am deutlichsten zum Ausdruck: „Selig seid ihr Armen, denn das Reich Gottes ist euer" (Lk 6,20). Natürlich kann man den Bezug zur materiellen Armut leugnen mit dem Hinweis auf die Version bei Matthäus, in der die Armen, die selig gepriesen werden, „geistlich arm" sind (Mt 5,3). Zu diesen verschiedenen Deutungen ist folgendes zu sagen:

1. Armut bedeutet in der Bibel nicht nur immer das Fehlen materieller Güter. Man muß wohl davon ausgehen, daß bei der Verwendung des Begriffes „arm" im Neuen Testament häufig auf eine frühere jüdische Tradition Bezug genommen wird, nach der „arm" fast synonym zu „fromm" und „gerecht" gebraucht wird.[4] In Lk 6,20 stehen die Armen jedoch im Gegensatz zu den Reichen, an die Jesus einen Weheruf richtet, weil sie bereits ihren Lohn empfangen haben – und dieser besteht in den Vorteilen, die ihnen aus materiellem Reichtum erwachsen (Lk 6,24). Niemand würde behaupten, daß es sich bei den Reichtümern der Reichen, von denen Jesus spricht, um geistlichen Reichtum handelt; warum sollte man dann in der Armut der Armen eine geistliche Armut sehen (d.h. Armut im Geiste)?

2. Wenn man die Seligpreisung in Lk 6,20 zu schnell im geistlichen Sinne interpretiert, entzieht man der Deutung der Matthäusstelle jede Grundlage. Wenn die Bezeichnung „arm" immer nur im Sinne von „arm im Geiste" zu verstehen ist, dann ergibt die Seligpreisung, wie wir sie bei Matthäus finden, keinen

Sinn. Geistliche Armut bedeutet, eine solche Haltung zu haben wie jene Armen, die aufgrund ihrer materiellen Armut ihre Bedürftigkeit erkennen und bereit sind, Hilfe anzunehmen.

3. Diese Seligpreisung kommt aus dem Munde dessen, der selbst arm war und sich an Zuhörer wandte, die ebenfalls in Armut lebten. Die geistliche Erklärung spiegelt dagegen gewöhnlich die Denkweise von Menschen wider, deren materielle Bedürfnisse befriedigt sind und die deshalb nicht den Segen für sich in Anspruch nehmen können, der auf den materiell Armen ruht. Wer nicht willens ist, im buchstäblichen Sinne arm zu werden, dem erscheint die wörtliche Interpretation der Aussage Jesu so bedrohlich, daß er ihr eine geistlich verklärte Deutung vorzieht.

Wie ist es jedoch zu verstehen, daß Jesus jene „selig" preist, die so arm sind, daß sie betteln müssen (denn das ist die Bedeutung von *hoi ptochoi*), wenn wir es im wörtlichen Sinne verstehen wollen? Welche Art von Verbindung sieht Jesus zwischen dem Reich Gottes und den Armen?

Der lateinamerikanische Theologe Enrique Dussel hat behauptet, daß die Armen das Volk Gottes darstellten und somit die „tatsächlichen Vertreter und Träger des Reiches Gottes" seien, da sie im Gegensatz zum vorherrschenden System stünden und nicht Teil dieses Systems seien. Zu Lk 6,20 schreibt er:

„Insofern die Armen nicht Teil des Systems sind und nicht zu denen gehören, die das Kapital und die Macht besitzen, sind sie sowohl ein negativer Faktor als auch zugleich positiv die Träger des Reiches Gottes, an dessen Aufbau sie mitwirken. Indem sie Unterdrückte (und somit frei von der Sünde, also Gerechte) und zugleich aktive Befreier (als Glieder des Volkes) sind, sind die Armen die Vertreter des Reiches Gottes."[5]

Wenn nun allerdings materielle Armut gleichbedeutend ist mit Gerechtigkeit, so ist man versucht zu fragen, warum Armut dann eigentlich bekämpft werden solle. Soll die Armut wachsen, damit auch die Gerechtigkeit zunimmt?

Die Armen sind nicht selig, weil sie aufgrund ihrer Armut gerecht wären, sondern weil das Reich Gottes *bereits (estin)* ihrer ist. Gott hat ihnen durch Jesus Christus an seinem Reich Anteil gegeben. Das Reich Gottes gehört den Armen bereits, weil Christus als einer von ihnen in ihrer Mitte ist und sie am Segen des Gottesreiches teilhaben läßt. Das neue Zeitalter, das die Propheten angekündigt haben, hat begonnen und wird unter den Armen sichtbar. Der Ursprung des Segens, den sie erfahren, liegt weder in ihrer materiellen Situation, noch in ihren eigenen Verdiensten, sondern darin, daß Jesus sich ihrer annimmt.

Diese besondere Sorge Jesu für die Armen finden wir immer wieder belegt. Gleich zu Beginn seines öffentlichen Wirkens, als er seinen Auftrag in der Synagoge von Nazareth kundtat, las er die prophetischen Worte in Jes 61,1f und erklärte, daß diese Verheißung sich durch sein Kommen erfüllt habe. Die Tatsache, daß Jesus diese Stelle auf sich selbst bezog, zeigt, daß er seinen Auftrag in der Einleitung eines neuen Zeitalters sah – „das Gnadenjahr des Herrn“: „Blinde sehen und Lahme gehen, Aussätzige werden rein und Taube hören, Tote stehen auf und Armen wird das Evangelium gepredigt“ (Mt 11,5).

Daß die Armen in einem Atemzug mit den Blinden, den Lahmen, den Aussätzigen und den Toten genannt werden, zeigt deutlich, daß diese Armut genauso konkret zu verstehen ist, wie alle anderen Dinge. Und so, wie durch das Wirken Jesu alle anderen Leiden ein Ende finden, wird auch das der Armen beendet: Was er verkündet, ist gute Nachricht, denn es bedeutet das Ende der Armut, weil es zum Aufbau einer neuen Ordnung führt, deren Kennzeichen Gerechtigkeit und Liebe sind.[6]

Ist damit nun gesagt, daß jeder, der materiell arm ist, aufgrund seiner Armut automatisch Anteil an jenem Segen hat, der mit dem Reich Gottes in die Welt gekommen ist? Sind die Armen die „aktiven Vertreter und Träger des Gottesreiches“? Dazu ist zu sagen, daß die gute Nachricht vom Reich Gottes nicht aus dem Zusammenhang genommen werden sollte, sondern immer in engem Bezug zum Ruf Jesu in die Nachfolge zu sehen ist. Weder die Armen noch die Reichen haben Anteil am Reich Gottes, wenn sie nicht, ungeachtet ihrer materiellen Not oder ihrer Besitztümer, „arm im Geiste“ sind und damit in völliger Abhängigkeit von der Gnade Gottes stehen.

Nach der Antwort, die Jesus Johannes dem Täufer gab, ist die Sorge Jesu, der er in Wort und Tat Ausdruck verlieh, ein Zeichen dafür, daß er der Messias ist. Um den Zweifeln des Johannes an seiner Eigenschaft als Messias entgegenzutreten, weist Jesus darauf hin, daß er sich der Armen, Kranken und der Unterdrückten annimmt. So wird deutlich, daß sein Auftrag in ganz besonderer Weise diesen Menschen gilt. Er ist kein autoritärer Messias, der seine Herrschaft mit Gewalt durchsetzt. Er ist vielmehr der Gottesknecht, der als Armer zu den Notleidenden und Elenden kommt und ihnen das Ende ihrer Bedrängnis ankündigt. Der Hoffnung zufolge, die im Lobgesang Marias ihren Ausdruck findet, kommt er, um die Gewaltigen vom Thron zu stürzen und die Niedrigen zu erheben, um die Hungrigen mit Gütern zu füllen und die Reichen leer ausgehen zu lassen (Lk 1,52f). Er tut dies jedoch als „der Diener Jahwes", der sich auf die Seite der Armen stellt, damit das Reich Gottes anbricht.

Gibt es Hoffnung für die Reichen?

Gilt die Rettung dann also nur den Armen? Es steht eindeutig fest, daß niemand aufgrund der Menge des Besitzes, über den er verfügt oder nicht verfügt, gerettet oder verdammt wird. Die Tatsache, daß Jesus sich in besonderer Weise den Armen zuwendet, bedeutet nicht, daß ihm die Reichen gleichgültig wären; Jesus ist gekommen, um den Armen gute Nachricht zu bringen, aber die Reichen werden nicht ausgeschlossen. Daß Jesus den Armen gleich wurde und daß er sich ihrer besonders angenommen hat, heißt nicht, daß das Heil auf eine bestimmte soziale Schicht beschränkt wäre.

Es steht jedoch weiter fest, daß sich die gute Nachricht an „die Armen" richtet, d.h. an „diejenigen, die materiell arm sind oder diejenigen, die sich innerlich deren Haltung zu eigen gemacht haben".[7] Folglich wird diese Nachricht für die Reichen nur dann zur Heilsbotschaft, wenn sie davon loskommen, ihre Identität in ihrem Besitz zu sehen und stattdessen die Herzenshaltung der Armen annehmen. Paul Gauthier hat es so ausgedrückt: „Es geht nicht darum, daß die Reichen von der Verkündigung der guten Nachricht ausgenommen werden sollen, sondern es gilt ganz im Gegenteil, ihnen das volle Evangelium zur Zeit und zur Unzeit zu predigen."[8]

Bei einer ausführlicheren Erörterung dieses Themas wäre sorgfältig zu untersuchen, welche Bedeutung die Solidarität Jesu mit den Armen hat: den Hungernden, den Durstigen, den Fremdlingen, den Nackten, den Kranken und den Gefangenen (nach Mt 25,31-46). Aller Wahrscheinlichkeit nach ist diese Stelle nach der biblischen Konzeption des Gemeinschafts-Charakters zu interpretieren, daß mit „einem unter meinen geringsten Brüdern" die Jünger Jesu gemeint sind.[9] Es zeigt sich deutlich die besondere Sorge Jesu um die Armen und Notleidenden:

er identifiziert sich so weit mit ihnen, daß er sagt, daß alles, was ihnen getan wird, auch ihm geschieht. Es erweist sich darüber hinaus auch die enge Verbindung zwischen der Rettung und der Sorge um die Bedürftigen und Leidenden: die Geretteten (d.h. „die Gerechten", die wirklich „Armen im Geiste") werden mit denen gleichgesetzt, die Hungernde speisen, Durstige tränken, Fremdlinge aufnehmen, Nackte bekleiden und die Kranke und Gefangene besuchen.

Verschiedene Autoren können ein unterschiedliches Verständnis der Solidarität Jesu mit den Armen und Unterdrückten entwickeln, aber niemand kann bestreiten, daß Jesus seinen Auftrag darin sah, ein neues Zeitalter einzuleiten, in dem den Armen Gerechtigkeit widerfährt, es sei denn, er setzt sich einfach über unmißverständliche Textstellen hinweg.

Jesus war arm, und er kümmerte sich in besonderer Weise um die Armen. Bedeutet dies also, daß die Reichen automatisch vom Reich Gottes ausgeschlossen bleiben? Ist Armut ein notwendiges Kennzeichen der Nachfolge?

Der Verzicht auf allen Besitz, von dem in Lukas 14,33 die Rede ist, scheint eine klare Forderung Jesu an alle jene zu sein, die ihm ernsthaft nachfolgen wollen: „Also auch ein jeglicher unter euch, der nicht absagt allem, was er hat, kann nicht mein Jünger sein." Darin besteht, neben dem Tragen des eigenen Kreuzes und der Trennung von der Familie, der Preis, der für die Nachfolge zu zahlen ist (Lk 14,26-32). Die Zwölf hatten diese Forderung offenbar im wörtlichen Sinne befolgt, denn als Jesus darauf hinwies, wie sehr der Reichtum einen Menschen hindern kann, in das Reich Gottes zu gelangen, sagte Petrus: „Siehe, wir haben alles verlassen und sind dir nachgefolgt" (Mk 10,20; vgl. Mk 1,10ff u.a.; Lk 5,28). Als Jesus die Jünger aussandte, hieß er sie, nichts mitzunehmen (Lk 9,3;10,4; vgl. Mk 6,7ff). Bei anderer Gelegenheit forderte er sie auf, alles zu verkaufen, was sie haben, und sich „Beutel, die nicht veralten", zu machen (Lk 12,33). Seine Aufforderung an den reichen Jüngling folgte dem gleichen Schema: „Eines fehlt dir. Geh hin, verkaufe alles, was du hast, und gib's den Armen, so wirst du einen Schatz im Himmel haben, und komm, folge mir nach!" (Mk 10,21)

Wir müssen daraus die Schlußfolgerung ziehen, daß Jesus in der Armut einen wesentlichen Bestandteil christlicher Nachfolge sah. Die Radikalität seiner Position kommt in dem

Kommentar zum Ausdruck: „Wie schwer werden die Reichen in das Reich Gottes kommen!" Und dann folgt das bekannte Bild vom Nadelöhr: „Es ist leichter, daß ein Kamel durch ein Nadelöhr gehe, als daß ein Reicher ins Reich Gottes komme" (Mk 10,23f). In manchen Textfassungen wurde diese Aussage etwas abgemildert, indem man noch einige Worte hinzufügte, nach denen es den Reichen doch möglich war, in das Reich Gottes zu gelangen, ohne ihren Reichtum unbedingt aufzugeben: „Wie schwer ist's für die, *so ihr Vertrauen auf Reichtum setzen,*[10] ins Reich Gottes zu kommen!" (Vers 23, alte Luther-Fassung). Ein solcher Zusatz ermöglicht eine beruhigende Interpretation der Worte Jesu, aber wir dürfen es nicht zulassen, daß der Forderung, die Jesus bezüglich irdischen Besitzes aufstellt, ihre Schärfe genommen wird. Wenn sich die Jünger „noch viel mehr entsetzten", nachdem ihnen Jesus gesagt hatte, wie schwer es für einen Reichen ist, in das Reich Gottes zu kommen, so scheinen sie ihn nicht so verstanden zu haben, als hätte er Selbstverständliches gesagt – nämlich, daß das Vertrauen in den Reichtum nicht mit dem Leben im Reich Gottes vereinbar ist. Ihre erstaunte Reaktion war vielmehr die Antwort auf Jesu Aussage, die in krassem Gegensatz zu dem stand, was allgemein geglaubt wurde: daß es nämlich relativ leicht sei, Reichtum und Frömmigkeit miteinander zu verbinden, daß man sich, solange man bereit war, den Armen Almosen zu geben, keine Gedanken darüber zu machen brauchte, wieviel man für sich selbst behielt. Im Gegensatz zu dieser Vorstellung betont Jesus, daß Reichtum das Aufgehen der Saat des Wortes Gottes im Herzen des Menschen ersticken kann (s. Mt 13,22). Er weist den Versuch, sowohl Gott als auch dem Mammon zu dienen, als unmöglich zurück (s. Mt 6,24), und er warnt vor der Torheit, Reichtum anzuhäufen, um sich für die Zukunft abzusichern (Lk 12,13-20). So ist es auch nicht verwunderlich, daß er es für praktisch unmöglich hält, daß die Reichen das Heil erlangen.

Die Aufforderung Jesu an den reichen Jüngling, alles zu verkaufen, was er hat, und es den Armen zu geben, gilt sowohl für die vielen wie auch für den einzelnen. Es ist ein allgemeiner Aufruf, alles aufzugeben, um ihm nachzufolgen. Es ist im Grunde genommen die Aufforderung, sich – wie er – um des Evangeliums willen mit den Armen zu solidarisieren, die Berufung zu einem Dienst, der nur in Zusammenhang mit der Nachfolge zu verstehen ist. Wir sollten nicht davon ausgehen, daß

Jesus nicht auch zu uns gesprochen hat, als er zu dem reichen Jüngling sagte: „Eines fehlt dir. Gehe hin, verkaufe alles, was du hast, und gib's den Armen!" Wir können auch nicht annehmen, daß die Aufforderung, auf alles zu verzichten, nicht wörtlich gemeint war, und daß es nur darum ging, sich innerlich von irdischem Besitz zu lösen. Wenn Jesus manchmal materielle Armut als eine Bedingung für Nachfolge forderte, warum sollten wir dann mit Selbstverständlichkeit davon ausgehen können, daß seine Forderung, alles herzugeben, in unserem Fall nun im übertragenen Sinn gemeint sei? Eine wirkliche innere Befreiung vom Reichtum kann nur von denen erfahren werden, die im wörtlichen Sinn bereit sind, alles, was sie haben, um des Evangeliums willen aufzugeben. Der Verzicht auf all unseren Besitz wird in dem Maße echt, in dem es uns gelingt, ihn konkret zum Ausdruck zu bringen. Ein solches Verzichten ist eine unabdingbare Voraussetzung für geistliche Armut. Und sie empfängt ihre Bedeutung allein durch die Beziehung zu dem, der – obwohl er reich war – für uns arm wurde, damit wir durch seine Armut reich werden.

Was heißt nun Jesu Ruf zur Armut für uns konkret?

Dazu möchte ich eine grundsätzliche Aussage machen. Sie ist für mich sehr praktisch. Ich meine, es ist für die Nachfolge wesensmäßig, auf eine Anhäufung irdischer Güter zu verzichten und sie zu verwerfen. Wenn wir Christen sein und Gott im Mittelpunkt des eigenen Lebens haben wollen, ist uns echte Fürsorge für die Armen nicht freigestellt. Im Jahr 1980 fand ein wichtiges Treffen zum Thema „Simple Lifestyle" (einfacher Lebensstil) in England statt. Die Konferenz gab eine Erklärung heraus, die eine Verpflichtung zu einem *einfacheren* Lebensstil enthielt. Eine These daraus lautet: „Jesus, unser Herr, ruft uns zur Heiligkeit, Demut, Einfachheit und Zufriedenheit. Er verspricht uns auch seine Ruhe. Wir bekennen, daß wir oft zugelassen haben, daß unheiliges Begehren und Wünschen unsere innere Ruhe gestört haben." Unsere Betonung des einfachen Lebensstils ohne die ständige Erneuerung des Friedens Christi in unseren Herzen würde einseitig bleiben. Es gibt einige praktische Vorschläge, um diese Verpflichtung umzusetzen in unserem Leben. Ich weiß, daß man immer sagen kann: Die Frage des Lebensstils ist relativ! In gewissem Sinn trifft das auch zu. Wir leben als Familie nicht in einem Elendsviertel in Buenos Aires. Vielleicht sollten wir das. Aber wir leben auch nicht in der Villengegend von Buenos Aires. Wo soll man leben? Wie soll man leben? Dieser Frage müssen sich Christen stellen.

2. Die Urkirche und die Armen

Zahlreiche Stellen im Neuen Testament weisen darauf hin, daß die seit dem Pfingstereignis entstandenen christlichen Gemeinden sich überwiegend aus armen Leuten zusammensetzten. Die Worte, die Paulus an die Gemeinde von Korinth schrieb, lassen vermuten, daß nur wenige ihrer Glieder zu den oberen Schichten gehörten: „Seht doch, liebe Brüder, auf eure Berufung", schreibt er, „nicht viele Weise nach dem Fleisch sind berufen" (1 Kor 1,26). Einige Ausnahmen werden in der Apostelgeschichte und in den paulinischen Briefen genannt: der „edle" Theophilus (Lk 1,3; Apg 1,1), für den Lukas seine beiden Berichte schreibt; der Hauptmann Kornelius (Apg 10,1ff); Manahen, der zum Hof von Herodes, dem Vierfürsten, gehörte (Apg 13,1); Sergius Paulus, der Landvogt von Cypern (Apg 13,7); Dionysius, einer aus dem Rat, und eine Frau mit Namen Damaris (Apg 17,34); Philemon von Kolossäa (Phil 2); Erastus, der Rentmeister der Stadt (Röm 16,23); und Krispus, der Vorsteher der Synagoge von Korinth (Apg 18,8). Es ist jedoch offensichtlich, daß die meisten Christen aus einfachen Verhältnissen kamen. Paulus sah in dieser Situation das Wirken Gottes, um die Welt zu beschämen, „damit er die Weisen zuschanden mache" (1 Kor 1,27ff). Jesus Christus ist ein gekreuzigter Messias, seine Kirche ist die Kirche der Armen und der Schwachen.

Die Sorge um die Armen in der Urkirche

Die Sorge Jesu um die Armen war in der frühen Zeit der Kirche nach seinem Vorbild lebendig, besonders im Rahmen der christlichen Gemeinde. Sie folgte offensichtlich dem Selbstverständnis, als Gemeinschaft nach dem Vorbild des Gottesknechtes zu leben.

Lukas zeigt, wie sich die Botschaft und der Lebensstil Jesu auf die Gemeinde in Jerusalem auswirkten, deren „Liebeskommunismus" (der in Apg 2,40-47 und 4,32-37 beschrieben wird) über die Jahrhunderte hinweg die Aufmerksamkeit von Freund und Feind auf sich gezogen hat. Dem Bericht von Lukas zufolge hatten die Christen „alle Dinge gemeinsam. Sie verkauften Güter und Habe und teilten sie aus unter alle, je nach dem es einer nötig hatte“ (Apg 2,44f); „auch nicht einer sagte von seinen Gütern, daß sie sein wären, sondern es war ihnen alles gemeinsam“ (Apg 4,32). Wie ist dieser „Liebeskommunismus“ zu verstehen?

Der gemeinsame Besitz der Güter war eine der Konsequenzen, die sich aus der Ausgießung des Heiligen Geistes an Pfingsten ergaben. Dieses Teilen war ein Erfolg, der nicht durch zielgerichtetes menschliches Bemühen erreicht worden war, sondern die Frucht eines geistlichen Lebens darstellte, das die Gläubigen so zusammenschweißte, daß sie „ein Herz und eine Seele“ waren (Apg 4,32).

Diese Gütergemeinschaft wurde auch bei den Essenern praktiziert, bei ihnen wurde sie jedoch strikt per Gesetz durchgesetzt.[11] Im Gegensatz dazu war die enge Gemeinschaft der frühen christlichen Gemeinde völlig freiwillig. Die Sünde von Ananias und Saphira bestand nicht darin, daß sie einen Teil des Geldes, das sie aus dem Verkauf eines Ackers hatten, für sich behielten, sondern daß sie nur einen Teil davon brachten, aber so taten, als sei es alles. Das Teilen war keine Pflicht. Petrus stellte klar, daß sie ihren Acker nicht hätten verkaufen müssen. Und nachdem sie es getan hatten, war es ihnen freigestellt, wofür sie das Geld verwenden wollten. Privater Besitz war nicht gänzlich verschwunden (Maria, die Mutter von Johannes Markus, behielt nach Apg 12,12 z.B. ihr Haus, das als Versammlungsort diente), aber es wurde im Sinne der ganzen Gemeinde genutzt.

Grundsätzlich galt für die Verteilung der Güter die Forderung, daß jeder nach seinen Bedürfnissen bekommen sollte (Apg 2,45; Apg 4,35). Dies führte unmittelbar zur Überwindung der Armut, so daß „keiner unter ihnen war, der Mangel hatte“ (Apg 4,34). Das uralte Ideal, daß es im Volk Gottes keine Armen geben sollte (Dtn 15,4), war damit erfüllt. Beim Anbruch des „Zeitalters des Heiligen Geistes“ wurden die Barrieren des Besitzes niedergerissen, eine neue Gesellschaft war entstanden. So kam es, daß der „Herr täglich hinzutat, die gerettet wurden“ (Apg 2,47).

Weder die Apostelgeschichte noch die Briefe des Neuen Testaments sprechen jemals so von diesem „Liebeskommunismus“

der frühen Gemeinde in Jerusalem, als sei er für die Kirche aller Zeiten gültiger Maßstab. Es wird jedoch deutlich, daß die Fürsorge für Arme den ersten Christen als ein wesentliches Merkmal des Lebens und des Wirkens der Kirche erschien. Als sich die Gemeinde in Jerusalem aufgrund der großen Teuerung in den vierziger Jahren unter Claudius in einer wirtschaftlichen Notlage befand, bekam sie von der Gemeinde in Antiochien Unterstützung, die von Barnabas und Paulus überbracht wurde. Später organisierte Paulus eine große Sammlung in den heidenchristlichen Gemeinden zugunsten der „Armen unter den Heiligen in Jerusalem" (Röm 15,26; vgl. Gal 1,10). Die ausführlichen Anweisungen, die der Apostel für das Zusammenlegen der Gaben gibt, besonders in 2. Korinther 8 und 9, sind ein Zeichen dafür, welche große Bedeutung er dem Teilen als einem Ausdruck der Einheit unter den Christen über rassische und nationale Grenzen hinweg beimißt. Er betrachtet materielle Gaben als konkrete „Gemeinschaft" (*koinonia,* Röm 15,26) und als eine Möglichkeit, auf die Gnade Gottes, die in Jesus Christus offenbar geworden ist, zu antworten (2 Kor 8,8f). So wird dem Geld seine dämonische Macht genommen, und es dient dazu, die Not der Armen zu lindern und Gott zu verherrlichen (2 Kor 9,11ff).

Die Sorge um die Armen war in der Urkirche ein selbstverständlicher Aspekt der Nachfolge. Das Leben im Reich Gottes, das mit Jesus Christus begann, hatte eine sichtbare Gestalt. Sie leitete sich weder aus der Idealisierung der Armut noch aus dem Bestreben ab, vor Gott irgendwelche Verdienste vorweisen zu können. Motiv war die erfahrene „Gnade unseres Herrn Jesus Christus: obwohl er reich ist, wurde er doch arm um euretwillen, damit ihr durch seine Armut reich würdet" (2 Kor 8,9).

Die Berufung der Kirche heute

Was können wir daraus für unser heutiges gesellschaftliches Handeln folgern? Ich denke dabei an folgendes:

Die Fürsorge für die Armen besteht darin, daß man zuerst ihre offensichtliche Not stillt. Wir müssen hier unterscheiden zwischen ungestillten Grundbedürfnissen und Luxusbedürfnissen. Eins der Kennzeichen unserer Konsumgesellschaft ist das Anwachsen von zusätzlichen Bedürfnissen. Beispielsweise bekam ich gestern gesagt, daß Fernsehen zu den wesentlichen Bedürfnissen der Deutschen gehöre. Aber ich weiß nicht, wieviele

Menschen schon daran gestorben sind, daß sie kein Fernsehgerät hatten. Grundbedürfnisse stehen also in Beziehung zum Überleben. Das Recht auf Überleben ist wichtiger als das Recht auf Freiheit und Mitbestimmung. Man kann einem Sterbenden nichts von Freiheit erzählen, und einen Verhungernden interessiert Mitbestimmung wenig.

Ich denke, daß heute klar definiert ist, was Grundbedürfnisse sind. Zum Beispiel heißt es in Artikel 25 der Erklärung der Menschenrechte der UNO: Jeder hat das Recht auf einen Lebensstandard, der ihm Gesundheit und Wohlbefinden ermöglicht für ihn selbst, seine Familie. Jeder hat ein Recht auf Nahrung, Kleidung, Wohnung, medizinische Versorgung und soziale Fürsorge, ein Recht auf Sicherheit im Fall von Arbeitslosigkeit, Krankheit, Behinderung oder Witwenschaft, in Situationen, in denen man sich nicht selbst versorgen kann. Das Recht auf Lebenserhaltung ist ein Grundbedürfnis.

Die Industrialisierung, die in der Dritten Welt vorangetrieben wird, ist orientiert am schnellen Profit, am Gewinn für die Reichen. Sie ist nicht darauf ausgerichtet, die Grundbedürfnisse der Armen zu stillen. Es gibt eine Allianz zwischen den mächtigen Konzernen aus dem Ausland und der reichen Oligarchie in den armen Ländern selbst. Ein gerechter Maßstab für die Beurteilung von ökonomischen und politischen Verhältnissen ist für Christen die Frage: Wie wirken sie sich auf die Armen aus? Das ist der Grund, warum wir den Verhältnissen in Argentinien sehr kritisch gegenüberstehen.

Die Kirche ist berufen, eine neue Gemeinschaft zu sein, in der sich die Fürsorge für die Armen in neuen wirtschaftlichen Beziehungen auswirkt; sozusagen ein „Wirtschaftssystem des Reiches Gottes“, das in dieser Welt subversiv am Werk ist. Die Wirtschaft in der Welt ist auf Profit aus, auf Effektivität, auf Größe.

Die Konferenz über „Simple Lifestyle“ hat folgendem Satz in ihrer Verpflichtung zugestimmt: „Wir freuen uns darüber, daß die Kirche die Gemeinschaft des neuen Zeitalters begründet, deren Mitglieder ein neues Leben, einen neuen Lebensstil gewinnen.“ In bezug auf die ersten Christen heißt es, sie waren frei von selbstsüchtigem Besitzstreben. Das Ergebnis ihrer veränderten wirtschaftlichen Beziehungen war die Tatsache, daß es unter ihnen keine Armen mehr gab.

3. Die Lehre der Apostel über Geld und Besitz

Der gleiche prophetische Ton, der die Rede Jesu über den Reichtum und die Berichte der Evangelien kennzeichnet, läßt sich auch bei der Lehre der Apostel in ihren Briefen feststellen. Paulus zählt die Geizigen zu denen, die das Reich Gottes nicht erben werden (1 Kor 6,10; vgl. 5,10f; Röm 1,29; Eph 5,5). Er bezeichnet Habsucht als Götzendienst (Kol 3,5) und die Liebe zu Geld und Besitz als „die Wurzel alles Übels“ (1 Tim 6,10). Jakobus geht sogar noch weiter, indem er eine Verbindung zwischen dem Reichtum der Reichen und der Unterdrückung der Armen (Jak 2,1-7), der Ausbeutung der Arbeiter und der Verschwendungssucht herstellt (Jak 5,1-6). In die gleiche Richtung geht die Ankündigung der Zerstörung einer Kultur, die in der Offenbarung (Kap.18) geschildert wird. Sie frönte einem Luxus und blieb dem Evangelium gegenüber gleichgültig.

In all diesen Mahnungen hallt die Warnung Jesu wider, wie schwer es für die Reichen ist, in das Reich Gottes zu gelangen. Wir werden keinesfalls im Zweifel darüber gelassen, welcher Gefahr der Reiche ausgesetzt ist, der versucht, die ganze Welt zu gewinnen, sich aber nicht darum kümmert, ob er an seiner Seele Schaden leidet.

Unabhängigkeit und Sanftmut als Zeichen des einfachen Lebensstils

Es zeigt sich in den Briefen jedoch auch noch eine andere Tendenz, wonach Besitz und Nachfolge einander nicht völlig ausschließen. Dieser Lebensstil zeichnet sich durch eine innere Freiheit gegenüber dem materiellen Besitz und durch Freigebigkeit gegenüber den Armen aus. Die Stelle, die am deutlichsten über die Frage der inneren Freiheit spricht, findet sich in Phil 4, 11-13. Sie steht dort im Zusammenhang mit einer Reihe von Bemerkungen, die Paulus über die materielle Hilfe macht, die er von der Gemeinde in Philippi erhalten hat. „Ich habe gelernt“, schreibt er, „mir genügen zu lassen, wie's mir auch geht. Ich kann niedrig sein und kann hoch sein; mir ist alles und jedes vertraut; beides, satt sein und hungern, beides, Überfluß haben und Mangel leiden; ich vermag alles durch den, der mich mächtig macht“ (Phil 4,11-13). Die Grundhaltung, die hier dargelegt ist, zeichnet sich durch Zufriedenheit, innere Freiheit oder

Unabhängigkeit (*autarkeia*) aus. Was heißt das?

Als erstes sollten wir uns vergegenwärtigen, daß diese Unabhängigkeit ein hoch geschätztes Ideal der weit verbreiteten griechischen Philosophie zur Zeit des Paulus war.[12] Sokrates vertrat diese Lehre nach Xenophon. Er zitiert den Satz: „Ich glaube, daß keine Wünsche zu haben, dem Göttlichen gleich, und so wenige wie möglich zu haben, dem Göttlichen am nächsten kommt." Im christlichen Glauben ist Zufriedenheit aber nicht mehr nur ein Ideal, sondern nach der Lehre Jesu die Antwort des Glaubens an den himmlischen Vater, der weiß, was seine Kinder bedürfen (s. Mt 6,25-34). Wahre Zufriedenheit ist nur dort möglich, wo sowohl Überfluß als auch Mangel im Licht des liebenden Handelns Gottes gesehen werden kann. Deshalb ist die ängstliche Sorge um materielle Dinge letztendlich Unglauben, ein Zeichen dafür, daß man den Sinn für die Werte des Reiches Gottes verloren hat.

Zweitens sollten wir darauf hinweisen, daß Zufriedenheit ein Gegenpol zur Habsucht ist. Letztere kennt keine Grenzen, erstere ist nur möglich, wenn man die Begrenztheit des Menschen in ihrem vollen Ausmaß anerkennt. „Die Frömmigkeit aber ist ein großer Gewinn für den, der sich genügen läßt. Denn wir haben nichts in die Welt gebracht; darum werden wir auch nichts hinausbringen" (1 Tim 6,6f). Diese Art der Zufriedenheit fehlt dem reichen Tor, von dem Jesus in seinem Gleichnis erzählt. Sobald ein Mensch es zuläßt, daß Habsucht an die Stelle der Zufriedenheit tritt, ist sein Leben selbst bedroht (1 Tim 6,9). Aus diesem Grunde werden wir dringend ermahnt, unseren Wandel von Geldgier freizuhalten (Hebr 13,5).

Drittens wäre anzumerken, daß Zufriedenheit eng mit Sanftmut verknüpft ist, die eines der Kennzeichen des einfachen Lebensstils ist und darauf beruht, daß uns in Jesus Christus die Gnade Gottes erschienen ist (Tit 1,11). Ein solches Leben ist, wie Paulus sagt, durch die Kraft des auferstandenen Christus möglich (Phil 4,13).

Viertens ist zu bedenken, daß Zufriedenheit eine wesentliche Voraussetzung dafür ist, daß jemand Aufgaben in der Gemeindeleitung übernehmen kann (1 Tim 3,2f; Tit 1,17; 1 Petr 5,2).

Wir sind Haushalter, nicht Besitzer

Freigebigkeit gegenüber den Armen geht mit Zufriedenheit und innerem Frieden Hand in Hand. Man kann nur in dem

Maße geben, in dem man erkannt hat, daß alles Gott gehört, und daß man nur etwas besitzen kann, wenn man es zum Reich Gottes und seiner Gerechtigkeit in Beziehung setzt.

Paulus drängt in seinen Anweisungen für reiche Christen seinen Helfer Timotheus, zu lehren, daß Reiche sich vor dem Stolz hüten und ihre Hoffnung nicht auf ungewissen Reichtum setzen, sondern daß sie für die Armen sorgen sollen; „daß sie Gutes tun, reich werden an guten Werken, gerne geben, behilflich seien, sich selbst einen Schatz sammeln als guten Grund für die Zukunft, damit sie das wahre Leben ergreifen" (1 Tim 6,17-19).

Aus diesen Aufforderungen ergibt sich die klare Schlußfolgerung, daß reiche Christen nicht meinen sollen, sie seien mehr als Verwalter der Gaben Gottes. Sie sollen im Licht der Großzügigkeit Gottes gegenüber allen Menschen leben und mit ihrem Leben zum Ausdruck bringen, daß Gott sich besonders der Armen annimmt.

Von der gleichen Voraussetzung geht Johannes aus, wenn er sagt, daß der Reiche, der nicht mit den Bedürftigen teilt, nichts von der Liebe Gottes weiß, die in Jesus Christus erschienen ist. Die Solidarität mit den Armen ist keine bloße Möglichkeit, sie ist vielmehr eine wesentliche Notwendigkeit, Kennzeichen der Mitarbeit im Reich Gottes.

Dieselben Aufforderungen findet man auch an anderen Stellen im Neuen Testament: Alles gehört Gott. Wenn wir mehr haben als andere, sind wir für die anderen verantwortlich. Was wir besitzen, soll sie ermutigen und ihnen Kraft geben.

Armut wird durch Unterdrückung ausgelöst. Die Armen sind Opfer der Ungerechtigkeit. Sie sind ohnmächtig. Unser Reichtum soll ihnen helfen, sich selbst zu helfen. Paulus stellt für die Reichen kein Umverteilungsprogramm auf. Aber er gibt Maßstäbe dafür, was wir tun sollen, wenn wir Besitz haben. Er spricht davon, Gutes zu tun, reich zu werden an guten Taten.

4. Konsequenzen für unsere Zivilisation

Einige der westlichen Entwicklungsprogramme haben versagt. Warum? Ich sehe einen Hauptgrund darin, daß man im Westen ökonomisch denkt. Man denkt nicht in Menschen, in persönlichen Beziehungen. Doch die menschliche Entwicklung ist viel wichtiger als die Entwicklung der Wirtschaft. Für Gerechtigkeit zu arbeiten, um die Armen zu befähigen, selbst etwas zu tun, ist weit wichtiger als Wohltätigkeit. Ich bin entsetzt darüber, daß hier große westliche Entwicklungsprogramme versagt haben. Die Menschen im Westen sollten nicht versuchen, vor allem erfolgreich zu sein. Es ist ihr Problem, nicht menschlich genug zu sein. Sie denken beim Erstellen ihrer Programme zu wenig an das Wohl der einzelnen Menschen. Es genügt nicht, Gutes zu wollen.

Wir brauchen Einfühlungsvermögen in die Armen. Wir brauchen Werte, Maßstäbe des Reiches Gottes, die uns instand setzen, mit dem, was wir haben, Gutes zu tun. Wir sind berufen zu Haushaltern Gottes für das, was er uns anvertraut hat.

Veränderung der Werte als Grundlage zur Veränderung von Strukturen

Nun gibt es eine erstaunliche Tatsache: Das Neue Testament hört nicht auf mit einer Reihe von Ermahnungen für die Reichen. Das Neue Testament geht davon aus, daß jeder von uns wirtschaftliche Verantwortung für andere hat. Wenn wir sie noch nicht sehen, dann sollten wir lernen, sie zu sehen. Dies ist sehr radikal. Ich möchte dazu zitieren: „Wer gestohlen hat, der stehle nicht mehr". Dieser Satz entspricht den Geboten. Aber das genügt Paulus nicht. Darum fährt er fort: „sondern arbeite und schaffe mit eigenen Händen das nötige Gut, damit er dem Bedürftigen abgeben kann" (Eph 4,28ff). Arbeiten, um etwas zu haben, das man teilen kann, das ist nicht nur eine christliche Möglichkeit, sondern gehört wesensmäßig zum Christsein. Es gehört zu den Kennzeichen der Nachfolge, daß man es uns anmerkt, daß wir nicht berufen sind, uns dienen zu lassen, sondern selbst zu dienen.

Ich habe von einem einfacheren Lebensstil gesprochen, der Anteil nimmt an der Fürsorge für die Nöte der Menschen, von neuen wirtschaftlichen Beziehungen, von Haushalterschaft, von Gemeinschaft mit den Armen, von Gerechtigkeit – all das provoziert eigentlich eine Revolution der Werte. Ich möchte an dieser Stelle nicht mißverstanden werden. Ich bin nicht gegen die Veränderung von wirtschaftlichen und politischen Strukturen. Die Verpflichtung, die aus der Konferenz über „Simple Lifestyle" hervorgegangen ist, sagt: „Armut und übertriebener Reichtum, Militarismus und Rüstungsindustrie und die ungerechte Verteilung des Landes und der Güter sind Machtinstrumente für die einen und verurteilen andere zur Ohnmacht. Ohne Machtwechsel oder Veränderung der Strukturen kann dieses Problem nicht gelöst werden.“ Doch einer Strukturveränderung muß immer eine Änderung der Werte vorausgehen. Und hier liegen wohl die Schwierigkeiten bei unseren Versuchen, Veränderungen auszulösen. Ohne neue Werte sind die Probleme der Armen nicht zu lösen, und die Probleme der Reichen auch nicht. Nicht nur die Armen haben Schwierigkeiten, die Reichen ebenfalls! Oft noch wesentlich ernsthaftere als die Armen.

Wo liegen die Ursachen der Armut?

Es ist leicht festzustellen, daß die Situation in den ärmeren Ländern oft deshalb so tragisch ist, weil die Bürokratie korrupt ist. Man kann auch sagen: Es fehlt eine puritanische Ethik. Die meisten von uns Lateinamerikanern sind faul und wenig verantwortungsbewußt in bezug auf die Arbeit. Es gibt auch zu wenig gesetzliche Handhabe. Alle diese inneren Probleme bestehen wirklich. Es sind Fakten. Doch es gibt daneben auch andere Tatsachen, die die Menschen aus dem Westen oft nicht zugeben. Alle Erklärungsversuche über die inneren Ursachen der großen Armut dürfen nicht über die Tatsache hinwegtäuschen, daß der Überfluß der westlichen Länder und die Armut der Entwicklungsländer einen Zusammenhang haben, und zwar nicht nur einen vergangenen, sondern auch einen gegenwärtigen.

Man kann nicht immer nur in die Zeit des Kolonialismus zurückschauen, sondern muß sich der Frage des Neo-Kolonialismus stellen. Wirtschaftlicher Imperialismus ist in unserer Welt einfach eine Realität. Heimische Märkte sind in ein Welt-Wirtschafts-System integriert worden, das durch einen hohen Grad an internationaler wirtschaftlicher Abhängigkeit gekennzeichnet ist. Einige wenige Länder stehen an der Spitze dieser Welt-Wirtschafts-Pyramide. Andere ordnen sich in absteigender Reihenfolge unter ihnen an. Wenn ich im Alten Testament über Reichtum und Armut nachlese, dann erscheint mir das gegenwärtige System verdächtig. Denn wir haben ja schon festgestellt, daß das Alte Testament die Armut in Beziehung zur Unterdrückung setzt. Was heute in der Welt geschieht ist also nichts Neues. Es war schon immer so. Die Mächtigen haben die Ohnmächtigen immer mißbraucht. Der Reiche nützte den

Armen aus. Heute geschieht das innerhalb eines Landes oder auch zwischen verschiedenen Ländern. Die Welt ist ein Dorf geworden, in dem die Armen der Gnade oder Ungnade der Reichen ausgeliefert sind. Ich bin kein Wirtschaftsfachmann. Aber meine theologischen Einsichten erfüllen mich mit Argwohn gegen die Aussagen einiger Wirtschaftsfachleute.

Einsichten in biblische Zuammenhänge helfen andererseits, die Realität wahrzunehmen, wie es auch christliche Wirtschaftsfachleute tun. Ich möchte zwei dieser Fachleute zitieren. Sie sind keine Theologen, sondern Volkswirtschaftler. Einer davon, E.F. Schumacher, sagt: „Nichts ist so erfolgreich wie der Erfolg. Und nichts ist stagnierender als Stagnation." Das heißt doch, Reichtum produziert Reichtum, und Armut produziert Armut. „Die erfolgreichen Gebiete ziehen das Leben aus den nicht so erfolgreichen Gebieten. Und ohne Schutz vor den Reichen haben die Armen keine Chance. Entweder bleiben sie schwach, oder sie müssen auswandern und sich den Reichen anschließen. Sie können sich nicht wirksam selber helfen."[13]

Goudswaard sagt: „Die Geschichte der Beziehung zwischen der westlichen Welt und dem, was wir jetzt die Dritte Welt nennen, war von Anfang an von dem Eigeninteresse des Westens bestimmt."[14] Man muß kein Marxist sein, um zu erkennen, daß der hauptsächliche, wenn nicht sogar der einzige Wert der armen Länder für die Reichen darin besteht, Lieferant für Rohstoffe, billige Arbeitskräfte und Nahrungsmittel zu sein, und die Preise dieser Güter werden von den Käufern nach dem Gesetz von Angebot und Nachfrage festgesetzt. Dieses Verteilungssystem wird auf nationaler und internationaler Ebene so organisiert, daß immer die Armen zuerst unter den Auswirkungen der Nahrungsmittelknappheit zu leiden haben, weil sie über weniger Kaufkraft verfügen. Hunger und Armut sind deshalb nicht nur wirtschaftliche Probleme, für die die wohlhabenden Länder die moralische Verantwortung ablehnen könnten. Unabhängig von den Ursachen der Kluft zwischen armen und reichen Ländern in der Vergangenheit ist es einfach eine Tatsache, daß die reichen Länder die Armen ausbeuten können und damit noch reicher werden. Die Armen sind dagegen den blinden Gesetzen des Marktes gnadenlos ausgeliefert. Die Reichen handeln nach den Gesetzen wirtschaftlicher Nützlichkeit, des Pragmatismus und politischer Zweckmäßigkeit. Ethische Fragen interessieren nicht. Solange das der Fall ist, gibt es keinen

Ausweg für die Armen. Wenn Reichtum als uneingeschränktes Recht betrachtet wird, auf das sich Nationen nach eigenem Gutdünken ohne Rücksicht auf andere berufen können, dann ist die Armut der Armen unvermeidlich.

Ein anderes Problem kommt noch hinzu. Die gleichen Werte, die zunächst nur den Westen gefangengenommen haben, nehmen jetzt die ganze Welt gefangen. Die Konsum-Mentalität wird gleichermaßen die Mentalität der Reichen und der Armen. Die ganze Welt wird zu einem großen Einkaufszentrum. Ich zitiere aus einem Artikel, den ich vor einigen Jahren geschrieben habe: „In der modernen Welt hat sich das Konsumdenken selbst da durchgesetzt, wo Armut herrscht. In den wohlhabenden Stadtteilen wie in den Armenvierteln der großen städtischen Zentren verbreiten die Massenmedien ihr Bild von Glück und Zufriedenheit: den *homo consumens.*

Als Folge wird die ganze Welt zu einem großen Dorf, das durch das Prinzip des Konsumverhaltens geeint wird. Obwohl die unterentwickelten Länder in viel geringerem Ausmaß Konsumenten sind als die Industrienationen, herrscht doch in beiden eine Haltung vor, die den Konsumgütern einen besonderen Status einräumt. Die Besessenheit der Reichen in Entwicklungsländern hat Josué de Castro zutreffend als prahlerisches Konsumverhalten bezeichnet. Er kritisiert den Konsum importierter Luxusgüter, die für die soziale und wirtschaftliche Entwicklung der Gesellschaft wenig oder gar keine Bedeutung haben und den wirtschaftlichen Fortschritt entscheidend beeinträchtigen.

Auf der anderen Seite verlangen die Armen nach sozialem Aufstieg, der es ihnen nicht nur ermöglicht, die elementarsten Bedürfnisse zu befriedigen (Nahrung, Kleidung, Unterkunft), sondern auch all jene Güter zu erlangen, die als Statussymbole propagiert werden (besonders Autos und elektrische Geräte). Die sogenannte Revolution der wachsenden Bedürfnisse ist eine zweifelhafte Entwicklung. Obwohl eindeutig der Versuch armer Völker, Achtung und menschliche Würde zu erlangen, vorhanden ist, zeigt dieses Bestreben doch auch, wie stark sie von den Massenmedien und ihrem Menschenideal des *homo consumens* beeinflußt sind.“[15] Die Ursachen der Armut in den armen Ländern sind also interne und externe Probleme, die nicht getrennt werden können. Weltweite Ungerechtigkeit ist eine unbestreitbare Tatsache. Es ist nicht so, daß die Menschen im Westen verzweifelt Wege suchen, wie sie helfen könnten, und nicht wüßten, was sie tun könnten. Vorschläge aller Arten sind schon gemacht worden. Ich glaube, Woltersdorf hat recht, wenn er sagt: „Die Situation ist nicht so, daß wir im Westen und im Osten den Armen zwar helfen wollen, aber nicht wissen wie. Die Situation ist die, daß wir wissen wie, aber nicht wollen."[16]

Es ist deutlich geworden, daß Massenarmut kein Normalzustand der Menschheit ist. Sie ist die klar erwiesene Auswirkung unseres weltweiten Wirtschaftssystems und von politischen Strukturen, die es unterstützen. Es ist deutlich geworden, daß die Erste Welt diese Einrichtungen und Praktiken nicht ändern will. Jedesmal, wenn ein internationales Treffen stattfindet, um Wirtschaftsprobleme zu untersuchen, geschieht dasselbe: viele Worte, aber keine praktischen Entscheidungen.

Warum wird keine echte Veränderung gewünscht?

Weil zuerst eine Veränderung der Werte nötig wäre. In all diesen Verhandlungen bleiben Arme wie Reiche bei den gleichen Werten, die für ihr persönliches Leben gelten. Es gibt keine Lösung für das Problem der Armen, wenn nicht zugleich das Problem der Reichen gelöst wird. Dies ist eine Frage der Werte. Dieselben Kräfte, die hinter der weltweiten Ungerechtigkeit stehen, verwandeln auch den Westen in die von Bob Goudzwaard so bezeichnete „Tunnel-Gesellschaft", d.h. eine geschlossene Gesellschaft, die zur Zukunft hin orientiert ist, aber unbeweglich und nur ausgerichtet auf wirtschaftlichen Fortschritt.[17] Der Renaissance-Mensch, der sich selbst stolz als Meister seines Schicksals betrachtet, hat sich einen Turm von Babel gebaut, der ihn völlig zu zerstören droht. Wirtschaft, Wissenschaft und Technologie wurden als an sich gut angesehen, nicht ethischen Normen unterworfen. Der Mensch des Westens erlaubte den Kräften wirtschaftlichen Wachstums, technologischer Neuerungen und wissenschaftlichen Fortschritts zum Selbstzweck zu werden. Das Ergebnis ist eine totalitäre Technokratie, eine Manager-Industrie, ein mechanisiertes Paradies, in dem Maschinen sich wie Menschen verhalten und Menschen wie Maschinen. Es ist eine untermenschliche Gesellschaft, wie George Orwell sie gesehen hat: eine Gesellschaft, in der Krieg Frieden, Freiheit Sklaverei und Unwissenheit Stärke bedeutet. Ich glaube, daß diese Welt immer realer wird. Zu diesen entmenschlichenden Faktoren der Gesellschaft, die auf die fortwährende Steigerung des Überflusses zielen, kommt das ökologische Problem. Schumacher sagt: „Eine Haltung dem Leben gegenüber, die Erfüllung ausschließlich im Streben nach Reichtum – kurz gesagt, im Materialismus – sucht, paßt nicht in diese Welt, weil sie kein begrenzendes Prinzip anerkennt, während die Umgebung, in der sie lebt, sehr begrenzt ist."[18]

Die Analyse lautet schließlich, daß die Wurzeln der materiellen Armut der Armen und der geistlichen Armut der Reichen in einem technologischen Materialiusmus liegen, in einer Gesellschaft, in der ethische Normen durch habgierigen Individualismus, Selbstsucht und die Befriedigung eigener Wünsche ersetzt wurden. Hunger und Hoffnungslosigkeit, Hungertod und Sinnlosigkeit sind nur Symptome der geistlichen Krankheit unserer modernen Gesellschaft, sind die Folgen eines selbstsüchtigen Pragmatismus, der von den Dingen fasziniert ist, aber die Qualität menschlichen Lebens vergißt. Die Probleme der Unterentwicklung und der Überentwicklung haben ihre Wurzeln in einer entstellten Sicht der Welt. Unser verzerrtes Wertesystem ist ein Erbe der Aufklärung. Und wir werden keine Lösung für diese Probleme finden, wenn wir keine geistliche Revolution erleben, eine Revolution der Werte, eine Wiederentdekkung der Bedeutung des Lebens, sowohl in seiner persönlichen, wie auch in seiner gemeinschaftlichen Dimension.

Der Westen braucht nicht nur eine Veränderung von Organisationen und Strukturen, sondern eine neue Sichtweise für die Realität, ein neues Wertesystem, ein neues Herz. Die von Materialismus, Rationalismus und Individualismus geprägte Realitätssicht, die wir von der Aufklärung geerbt haben, hat sich als völlig unangemessen erwiesen – unzureichend für echtes und menschliches Leben. Die moderne Gesellschaft mit all ihren Axiomen und Voraussetzungen kann dem Leben keinen Sinn mehr geben. Ihre Zwangsvorstellung vom Lebensstandard, ihr Versuch, durch wirtschaftliches Wachstum, Wissenschaft und Technik ein Paradies zu schaffen, ist zu einem Alptraum geworden. Warum Selbstmorde, Alkoholismus, Drogen, Nihilismus? Wo liegt die Wurzel dafür? Es sind dieselben Wurzeln wie die der Armut, nämlich die falsche Perspektive, ein falsches Wertesystem.

Was wir also brauchen ist ein neuer Rahmen, eine „nachkritische Philosophie", wie Polanyis sagt. Eine Philosophie, die diejenigen Werte und Annahmen verwirft, die die moderne Gesellschaft als selbstverständlich und gegeben annimmt. Eine Philosophie, die den Menschen wieder als Beziehungswesen entdeckt. Ich glaube daran, daß soziale Strukturen geändert werden müssen. Aber es gibt keine Hoffnung für echte, radikale Veränderungen, wenn die Werte nicht verändert werden. Sonst haben wir neue Strukturen mit den alten Werten. Das ist genauso entmenschlichend wie die Strukturen, die wir jetzt haben. Jede Veränderung, die keine radikale Veränderung der Werte ist, ist nicht radikal genug. Das ist mein Problem mit vielen Befreiungstheologen. Nicht, daß sie radikal sind, sondern daß sie nicht radikal genug sind. Die Veränderung, die wir brauchen, geht viel tiefer.

Was liegt als Aufgabe vor uns?

Verkündigung des ganzen Evangeliums und soziales Engagement. Unter Christen finden wir zwei Extrempositionen. Die einen sagen: „Alles, was wir tun müssen, ist evangelisieren." Das Evangelium wird dabei von einer sehr individualistischen Perspektive her gesehen. Und dann gibt es die anderen, die sagen: „Strukturveränderung!" Hierbei sehen sie keine Verbindung zwischen persönlicher Veränderung und Strukturveränderung. Ich schlage vor, daß wir anfangen zu sehen, wo Veränderung gebraucht wird. Ich wünschte, wir sähen, daß die Werteveränderung, die wir brauchen, nur aus der Perspektive des Evangeliums vom Reich Gottes kommt. Ich glaube nicht, daß wir unbedingt an die Hebel der Macht kommen müssen, um von dort aus alles in der Gesellschaft verändern zu können. Die jüngste Geschichte hat gezeigt, daß auch die Christen, die in bedeutenden Positionen sind, in der Falle stecken. Die Politik hat ihre Grenzen. Wenn wir eine Werteveränderung brauchen, müssen wir die Frage klären: Wie verändert man Werte in der Gesellschaft? Wie verändern wir unsere eigenen Werte? Wie werden die Werte in der Kirche verändert?

In der Gemeinde spiegeln sich oft die Werte wider, die die ganze Gesellschaft bestimmen. Wir stellen uns dann abseits und kritisieren die Kirche. Aber siehe da, die gleichen Werte, die die Gemeinde zerstören, zerstören uns selbst auch. Wozu eine christliche Erziehung, wenn sie nicht Werte radikal verändern soll? Wofür überhaupt eine Arbeit mit Studenten, wenn nicht neue Werte geschaffen werden? Die Gemeinde muß Evangelisation betreiben, aber nicht mit einem verkürzten Evangelium, sondern mit einem Evangelium, das die Fülle und Ganzheit des Lebens umschließt, mit einem Evangelium, das in die Nachfolge ruft. Die Gemeinde muß gleichermaßen soziales Engagement betreiben. Aber nicht ein soziales Engagement, das von einer Ideologie inspiriert ist, die säkulare Werte widerspiegelt, sondern ein soziales Engagement, das auf Werten des Reiches Gottes aufgebaut ist.

Menschliche Entwicklung, Werteveränderung, Verinnerlichung der Werte des Reiches Gottes – all das ist eng verbunden mit dem Auftrag der Kirche. Wie ich schon sagte, habe ich in 22 Jahren Studentenarbeit viele Erfahrungen gesammelt. Ich habe erkannt, daß meine Arbeit wertlos wird, wenn ich nicht Menschen helfe, sich Werte des Reiches Gottes anzueignen. Meine Aufgabe bestand nicht einfach darin, Menschen für Jesus Christus zu gewinnen und ihnen ewiges Heil zu sichern. Meine Aufgabe war es, Menschen zu helfen, Agenten des Reiches Gottes zu werden, die in Gehorsam gegenüber Gott und in Liebe zum Nächsten leben. Das ist eine große Herausforderung für uns. Ich denke nicht, daß die Kirche irgendwelche Beiträge zur sozialen Frage zu leisten hat, wenn sie nicht die Werte des Reiches Gottes ernstnimmt. Christus hat uns berufen, seine Jünger zu sein. Als solche sollen wir ihm ähnlich werden. Er kam nicht, um sich dienen zu lassen, sondern um zu dienen und sein Leben als Lösegeld für viele zu geben.

II. Christus und der Antichrist in der Verkündigung der Bibel

Bereits das Erwähnen des Antichrist stellt uns vor ein schwieriges Problem bei der Interpretation der Bibel. Wer (oder was) ist der Antichrist? Seit dem Anfang der Kirchengeschichte haben sich viele Christen darunter eine apokalyptische Person vorgestellt, deren geschichtliches Auftreten der Wiederkunft Christi vorausgeht. In Lateinamerika sind derzeit verschiedene moderne Versionen dieser Auslegung im Umlauf. Jede erhebt für sich einen Absolutheitsanspruch. Die Zeiten, in denen Martin Luther und andere im Papst die Verkörperung des Antichrist sahen, sind vorbei, zumindest sind sie im Schwinden.[1] Im Rahmen verschiedener Deutungsversuche wird der Antichrist heute als ein zukünftiger Diktator gesehen, der die ganze Welt beherrscht und der sich in der Schlacht von Harmageddon mit seinen Armeen gegen Christus stellen wird; oder man identifiziert ihn mit einer mythologischen Gestalt, die einer alten jüdischen Apokalypse entnommen ist.

Nun erhebe ich nicht den Anspruch, den Schlüssel zur Deutung aller Aussagen zu besitzen, die das Neue Testament im Hinblick auf den Antichrist macht. Ich ziehe es vor, in dieser Erörterung Antworten auf die von der futurischen Eschatologie aufgeworfenen Fragen offen zu lassen, nicht, weil ich diese Fragestellungen für unwesentlich hielte, sondern weil sie über unser Thema hier hinausgehen. Indem wir diese Fragen außer acht lassen, können wir unsere Aufmerksamkeit auf die Bedeutung der Verkündigung des Evangeliums richten angesichts der konfliktreichen Antithese: Christus – Antichrist.

Im ersten Teil dieses Aufsatzes werde ich die Aussagen des Neuen Testaments über den Antichrist zusammenfassen und herausarbeiten, soweit mein Verständnis aufgrund der Untersuchung der Texte ausreicht. Im zweiten Teil werde ich die

Zeichen der Zeit in der lateinamerikanischen Situation verdeutlichen. Im dritten Teil schließlich werde ich einige Konsequenzen für die Evangelisation in unserem Kontext vorschlagen.

1. Der Antichrist im Neuen Testament

Um die Ursprünge der Gestalt des Antichrist zu erklären, beziehen sich die Theologen häufig auf die apokalyptische und pseudo-epigraphische Literatur der Zeit zwischen dem Alten und Neuen Testament und des ersten Jahrhunderts des Christentums. Wir können hier die für Studenten der Religionsgeschichte interessante Frage nicht untersuchen. Wir beschränken uns darauf, die Überschneidungen zwischen dem Antichrist des Neuen Testaments und bestimmter mythischer Figuren aufzuzeigen, die in Schriften wie in dem *4. Esrabuch, dem Testament der 12 Patriarchen, dem Buch der Halljahre, dem Tritojesaja und den Sibyllischen Weissagungen* auftreten. Dabei zeigt sich, daß sich die Gestalt des Antichrist im Neuen Testament in einer Atmosphäre entwickelt hat, in der die Erwartung des Weltendes, wie sie schon bei den Propheten des Alten Testaments zu finden ist, sich mit einem negativen Verständnis zeitgeschichtlicher Ereignisse vermischte.

Sehr deutlich zeigt sich bei der Untersuchung die Verbindung der Gestalt des Antichrist im Neuen Testament mit der Prophetie Daniels, wie in Mk 13; 2 Thess 2,1-12; Offb 13 und 1 Joh 2, 18-29 und 4,1-6 und 2 Joh 7.[2]

Markus 13

Die „Kleine Offenbarung" in Markus 13 (par. Mt 24 und Lk 21) bezieht sich auf das „Greuelbild der Verwüstung" (Vers 14), deren Auftreten in eine Zeit großer Leiden und Schrecken fällt, zu der keine vergleichbaren Parallelen in der Menschheitsgeschichte zu finden sind. Hier wird eine Person beschrieben als die Verkörperung des entsetzlichsten Götzendienstes. Die hier verwendete Terminologie leitet sich direkt von Dan 9,27; 11,31 und 12,11 ab, von Stellen also, die auf dem Hintergrund der Entweihung des Tempels in Jerusalem durch Antiochus Epiphanes geschrieben sind. Dieser König wollte den Tempel zu einer Anbetungsstätte für Zeus, den obersten der griechischen

Götter, umfunktionieren. Er behauptete, in ihm habe Zeus irdische Gestalt angenommen (167 v.Chr.). In Mk 13 ließe sich das Greuelbild der Verwüstung auf den Fall Jerusalems (70 nach Chr.) beziehen.

Damals hatten die römischen Heere die Stadt eingekreist, überall waren die von jüdischen Nationalisten gehaßten Adler-Standarten, das Zeichen kaiserlicher Macht, aufgepflanzt.[3] Eine seltsame grammatikalische Wendung läßt jedoch vermuten, daß es sich bei dem Greuel um eine Person handelt; von ihr heißt es, sie habe den Platz eingenommen, der ihr nicht zusteht (*estekota opou oudei*), d.h. den Platz, der Gott gebührt.[4] Dieser letzte Hinweis deckt sich mit der Beschreibung des Antichrist in 2 Thess 2,4 als einer, der „sich in den Tempel Gottes setzt und vorgibt, er sei Gott.“

Ein anderes wichtiges Element in Markus 13 ist der Hinweis auf die falschen Propheten (*pseudoprophetai*) und auf falsche Christusse (*pseudochristoi*), die Zeichen und Wunder tun werden, „so daß sie die Auserwählten verführen würden, wenn es möglich wäre“ (Vers 22, vgl. Vers 6). Diese Stelle beschreibt nicht ausdrücklich, in welchem Maße das Handeln dieser Meister der Täuschung direkt durch den Antichrist inspiriert ist, aber es wird deutlich, daß dies Handeln Teil eines vielschichtigen Prozesses der Auflehnung gegen Gott und eines weit verbreiteten Abfalls vom Glauben ist, der der Wiederkunft Christi vorausgehen und in der Person des Antichrist seine vollste Ausprägung erfahren wird.

2. Thessalonicher 2,1-12

Es läßt sich leicht zeigen, daß Paulus das Bild des Antichrist in den Grundzügen den apokalyptischen Visionen des Propheten Daniel entnommen hat. Folgende Parallelen werden sichtbar:

2. Thessalonicher 2	*Daniel 8*
„… denn zuvor muß der Abfall kommen,“ (V 3); „mit jeglicher Verführung zur Ungerechtigkeit bei denen, die verloren werden“ (V 10)	„… und er wird überheblich werden“ (Kap 8,25); „Und er wird mit Ränken alle zum Abfall bringen, die den Bund übertreten“ (Kap 11,32); „Denen, die ihn erwählen, wird er große Ehre antun“ (Kap 11,39)
„der Mensch der Bosheit“ (*anomias*, ohne Gesetz) (V 3)	„er … wird sich unterstehen, Festzeiten und Gesetz zu ändern“ (Kap 7,25)
„Er ist der Widersacher, der sich erhebt über alles, was Gott oder Gottesdienst heißt, so daß er sich in	„…es (das Horn) hatte Augen und ein Maul, das große Dinge redete“ (Kap 7,20); „Er wird den Höchsten lästern“ (Kap 7,25); „Und der

den Tempel Gottes setzt und vorgibt, er sei Gott“ (V 4)	Ziegenbock wurde sehr groß“ (Kap 8,8); „Und der König wird tun, was er will, und wird sich überheben und großtun gegen alles, was Gott ist“ (Kap 11,36)
„der Sohn des Verderbens“ (V 3); „Ihn wird der Herr Jesus umbringen mit dem Hauch seines Mundes und wird ihm ein Ende machen durch seine Erscheinung, wenn er kommt.“ (V 8)	„aber er wird zerbrochen werden ohne Zutun von Menschenhand“ (Kap 8,25)

Im Kontext von 2 Thess 2 ist der Antichrist eine eschatologische Gestalt, deren Offenbarwerden (*apocalypsis*, Vers 3 und 6) dem zweiten Kommen Christi vorausgehen wird. Sein Auftreten (*parousia*, Vers 9) ist ein Zeichen der Parusie (der Wiederkunft Christi). Dem Apostel zufolge ist er noch nicht erschienen, und deshalb dürfen seine Leser sich nicht von dem Gedanken täuschen lassen, „der Tag des Herrn“ sei (bald oder schon) da (Vers 2). Aber „es regt sich schon das Geheimnis der Bosheit“ (Vers 7); es sind schon einige Zeichen sichtbar, die dem Offenbarwerden des Anti-Messias vorausgehen. Es ist offensichtlich, daß das Ende näherkommt.

Die verschiedenen Beschreibungen des Antichrist in diesem Abschnitt zeichnen das Bild einer düsteren Persönlichkeit. Sie ist nicht die Inkarnation des Satans, sondern zeigt einen Menschen, der mit satanischen Kräften ausgestattet ist; diese ermöglichen ihm Übernatürliches. Seine Zeichen und Wunder sind „lügenhaft“ (Vers 9), nicht, weil sie nicht echt wären, sondern vielmehr weil sie verführen (Vers 10-11). Insofern sind sie die Antithese zu den Zeichen und Wundern, die durch die Kraft Christi geschehen; sie sind, so könnten wir sagen, Anti-Wunder, die Hand in Hand gehen mit der Verbreitung des Irrtums, genauso wie die Wunder Christi Hand in Hand gehen mit der Ausbreitung des Evangeliums. Das ganze Werk des Antichrist ist eine Parodie auf das Wirken Jesu Christi, mit deren Hilfe der „Mensch der Bosheit“ die Lüge verbreitet.

Aber der Antichrist zielt auf mehr, als nur ein Pseudo-Messias zu werden, der Christus ersetzt; er will den Platz einnehmen, der Gott gehört: er gibt vor, „er sei Gott“ (Vers 4). Sein Handeln spiegelt die schändlichste Anmaßung, die man sich vorstellen kann: den universalen Anspruch, von allen angebetet zu werden. Deshalb „überhebt er sich über alles, was Gott oder Gottesdienst heißt“ (Vers 4). Geerhardus Vos hat das einmal so ausgedrückt: „Das vielfältige Plagiat in seiner Komplexität ist lediglich ein Mittel, um ein unverhohlen antimessianisches Programm aufzustellen, d.h. ein Programm, das *absichtlich* aller religiösen Inhalte des christlichen Bekenntnisses und Strebens entleert ist. Der 'Mensch der Sünde' ist das unreligiöse und anti-religiöse und anti-messianische Wesen *par excellence*."[5] Der Antichrist ist also die äußerste Manifestation menschlicher Auflehnung gegen Gott; die Manifestation, die den Höhepunkt der Geschichte der Sünde anzeigt, die im Garten Eden ihren Anfang nahm.

Einige Aussagen dieses Abschnitts über den Antichrist lassen vermuten, daß er sich vor allem auf der ethischen und der religiösen Ebene gegen Christus stellt: er verkündet, er selbst sei Gott, und er verführt, die ihm nachfolgen, mit vermeintlichen Zeichen und Wundern. Sein Auftreten bewirkt die „*Apostasie*" (Vers 3, „den Abfall"), eine massive Absage an den christlichen Glauben, die sich zuspitzt im Annehmen der „Lüge" (Vers 11) von denen, die „verloren werden" (Vers 10). Aber es ist klar, daß dieser Gesetzlose (der „Mensch der Gesetzlosigkeit") auf einer so breiten Basis handelt und seine Vermessenheit so grenzenlos ist, daß kein Bereich des menschlichen Lebens von seinen Forderungen ausgeschlossen bleiben kann. Seine Macht ist totalitär, und er ist entschlossen, die Welt und alles Leben unter einer Regierung zusammenzufassen, die eine bewußte Verneinung der Herrschaft Gottes ist. Hier herrscht ein falscher Gott, der eine politische Ordnung schafft und ein Weltreich auf dem Fundament der Unwahrheit aufbaut.

Es bleiben eine Reihe von Fragen offen zum Thema Antichrist, die eine Exegese des zweiten Briefes an die Thessalonicher nicht beantworten kann. Es wird z.B. nichts darüber gesagt, wo diese dramatische Persönlichkeit erscheinen wird. Offensichtlich hatten die ursprünglichen Leser bereits eine gewisse Vorinformation von Paulus erhalten, die ihnen das weitere Verständnis des Schreibens erleichterte, die wir aber nicht kennen. „Erinnert ihr euch nicht daran, daß ich euch dies sagte, als ich noch bei euch war?" fragt er (Vers 5). Und er fügt hinzu: „Und ihr wißt, was ihn noch aufhält (*to katechon*)" (Vers 6); „nur ... der es jetzt noch aufhält (*ho katechon*)" (Vers 7). Aufgrund unseres zeitlichen und geographischen Abstands wissen wir nicht, *was oder wer* den Antichrist noch aufhält. Wir wissen lediglich, daß Paulus davon ausgeht, daß es etwas und jemanden gibt, der das Kommen des „Menschen der Bosheit" noch verhindert, jemanden, der erst „weggetan werden“ muß, bevor „dann“ (*tote,* Vers 8) der Antichrist offenbart und ihm von Jesus Christus „mit dem Hauch seines Mundes“ ein Ende gemacht wird (Vers 8). Mit dem Gericht Gottes über den „Sohn des Verderbens“ (Vers 3) und über alle, „die verloren werden, weil sie die Liebe zur Wahrheit nicht angenommen haben, daß sie gerettet würden“ (Vers 10), wird der letzte Akt dieses Geschichts-Dramas beginnen.

1. Johannes 2,28 und 22; 1. Johannes 4,3; 2. Johannes 7

Im Gegensatz zu den ursprünglichen Lesern des Paulus standen die Empfänger der Johannes-Briefe nicht vor der Frage, wie sich ihre Erwartungen im Hinblick auf das Kommen Christi erfüllen könnten. Stattdessen hatten sie Schwierigkeiten mit Irrlehrern in der Gemeinde, die das Evangelium angriffen. Der Schwerpunkt der Lehre verlagerte sich von der Zukunft auf die Gegenwart, von einer apokalyptischen Person auf die falsche Lehre. Der Zusammenhang bleibt trotzdem eschatologisch, denn Johannes geht davon aus, daß es „die letzte Stunde“ ist, was sich an den vielen „Antichristen“ zeigt (1 Joh 2,18), die Vorläufer des Antichrist sind. Diese jetzt auftretenden Antichristen wollen sich nicht an die Stelle Christi setzen und gehören nicht zu den falschen Christussen, die Jesus vorausgesagt hat (s. Mk 13,22); sie sind vielmehr Gegner Christi, die den Vater und den Sohn leugnen (1 Joh 2,22). Sie sind menschliche Lehrer, die die Gemeinde, an die der Apostel schreibt, verlassen haben (1 Joh 2,19). Sie verbreiten die Lüge, die als die Leugnung der Tatsache beschrieben wird, daß „Jesus der Christus ist“ (1 Joh 2,22), die Leugnung des Sohnes (und damit des Vaters) (1 Joh 2,23), und die Leugnung, „daß Jesus Christus in das Fleisch gekommen ist“ (oder „daß Jesus der in das Fleisch gekommene Christus ist“) (1 Joh 4,2-3; 2 Joh 7). Wer leugnet, daß der Mensch Jesus der ewige Sohn Gottes ist, so sagt der Apostel, ist „ein Lügner“ (1 Joh 2,22), „der Verführer und der Antichrist“ (2 Joh 7). Die Wirklichkeit der Menschwerdung ist die zentrale Wahrheit des christlichen Glaubens; das zu leugnen ist deshalb die größte Lüge, und wer diese Lüge glaubt und verbreitet, ist unweigerlich vom Geist des Antichrist beschlagnahmt (1 Joh 4,3).

Ganz offensichtlich schrieb Johannes seine Briefe, nachdem

die Häretiker die Gemeinde verlassen hatten und damit zeigten, daß sie nicht zum Volk Gottes gehörten (1 Joh 2,19). Trotzdem bestand weiterhin die Gefahr der Verführung durch ihre Irrlehren (1 Joh 2,26). Darum mahnt Johannes seine Leser zuerst, an dem festzuhalten, was sie „von Anfang" an gehört hatten d.h. an der Lehre der Apostel –, „so werdet ihr auch im Sohn und im Vater bleiben" (1 Joh 2,24). An zweiter Stelle fordert er sie auf, im Heiligen Geist zu bleiben, in der Salbung, die sie empfangen haben (1 Joh 2,27-28). Drittens schließlich warnt er sie, „nicht einem jeden Geist" zu glauben, sondern die Geister zu prüfen an ihrem Bekenntnis, daß Jesus der Christus ist, der im Fleisch gekommen ist (1 Joh 4,1-3).

Wie Paulus, so hält auch Johannes fest, daß „das Geheimnis der Bosheit", das dem endgültigen Erscheinen des Antichrist vorausgeht, bereits schon in der Welt lebendig ist (1 Joh 4,3; 2 Thess 2,7). Er beschreibt das zukünftige Kommen des Antichrist nicht als ein einmaliges, isoliertes, plötzliches Ereignis, sondern als den Höhepunkt eines ganzen Entwicklungsprozesses. Im Ablauf dieses Geschehens wird das Böse zunehmen, bis alle seine Kräfte in der großen Apostasie (Abfall der Christen vom Glauben) entfesselt werden und sich dann in der furchtauslösenden Person des Antichrist konzentrieren. Der Antichrist wird der Gipfel der Gegnerschaft sein, der das Evangelium im Verlauf der Geschichte von der Auferstehung bis zum zweiten Kommen Christi immer wieder entgegentreten muß. Er verkörpert das letzte Offenbarwerden des Aufstandes gegen Gott, der das Kennzeichen des menschlichen Lebens ohne die Erlösung in Christus ist. Er wird der Höhepunkt der Leugnung Christi sein, mit der die Welt sich der Verkündigung der Guten Nachricht widersetzt. Er wird die Antithese Christi sein, der Prototyp allen Widerspruchs, auf den das Evangelium immer und überall treffen wird, wo es glaubwürdig verkündigt wird.

Offenbarung 13

Das Tier, das aus dem Meer steigt, und das Tier, das aus der Erde steigt (Offb 13,1-10;11-18), vervollständigen die Beschreibung des Antichrist im Neuen Testament. Wieder herrscht der apokalyptische Gesichtspunkt vor; die siebte Posaune ist erschallt, jene Posaune, die den letzten Akt im Geschichts-Drama ankündigt.

Das Tier, das aus dem Meer aufsteigt, wird in ähnlicher Weise dargestellt, wie die vier Tiere aus dem Meer in der Vision von Daniel 7. Das vierte von ihnen ist „furchtbar und schrecklich und sehr stark“ (Vers 7); es hat zehn Hörner, zwischen denen ein anderes kleines hervorbricht. Das erste Tier, das in Offenbarung 13 erwähnt wird, sieht genauso aus. Betont wird in beiden Büchern, bei Daniel und in der Offenbarung, daß dieses Tier aus dem Meer heraussteigt (Dan 7,3; vgl. Offb 13,1). Folgende Punkte treten parallel auf:

Offenbarung 13	*Daniel 7*
„Und es wurde ihm ein Maul gegeben, zu reden große Dinge und Lästerungen“ (V5)	„das Horn hatte ... ein Maul; das redete große Dinge“ (V 8; vgl. V 11.20)
„und ihm wurde Macht gegeben, es zu tun zweiundvierzig Monate lang“ (V 5)	„sie (die Heiligen) werden in seine Hand gegeben werden eine Zeit und zwei Zeiten und eine halbe Zeit“ (V 25)
„Und es tat sein Maul auf zur Lästerung gegen Gott, zu lästern seinen Namen und sein Haus“ (V 6)	„Er wird den Höchsten lästern“ (V 25)
„Und ihm wurde Macht gegeben, zu kämpfen mit den Heiligen und sie zu überwinden“ (V 7)	„ich sah das Horn kämpfen gegen die Heiligen, und es behielt den Sieg über sie“ (V 21)

Hier wird eine totalitäre Macht beschrieben, die unter der Autorität des Drachens herrscht (Offb 13,2), und zwar in der gleichen Weise wie bei Paulus „der Böse...in der Macht des Satans“ (2 Thess 2,9). Tatsächlich ist er ein dämonisches Wesen, das auf seinen sieben Häuptern – dem Symbol absoluter Macht – gotteslästerliche Namen trägt (Vers 1). Diese Namen werden dem Leser nicht genannt, aber überdeutlich drücken sie die dreisteste Anmaßung aus, die man sich vorstellen kann – die Behauptung, Gott selbst zu sein und als solcher überall und von allen Anbetung und Verehrung beanspruchen zu können (Vers 3 und 4). Als einzige verweigern ihm die Christen diese Anbetung, deshalb werden sie auf Anweisung dieses Ungeheuers rücksichtslos verfolgt (Vers 7 und 8). Dieses Tier aus dem Meer ist die Personifizierung des „Greuelbildes der Verwüstung“, von Jesus für das Ende der Zeit angekündigt (Mk 13,14). Die Kennzeichen von Panther, Bär und Löwe (Vers 2) entsprechen den vier Tieren in der Vision Daniels (Kap 7). Dort symbolisieren sie vier aufeinanderfolgende Weltreiche (Babylon, das

Medisch-Persische Reich, Griechenland und Rom). Diese Zusammenfassung der Wesensmerkmale der vier Tiere in dem einen Tier zeigt deutlich, daß das eine Tier nicht mit irgendeiner bestimmten Regierung gleichzusetzen ist. Es versinnbildlicht den Staat, der von seinen Bürgern eine allein Gott gebührende Loyalität und Treue verlangt und der sich gegen Jesus Christus und seine Kirche wendet.

Das Tier, das aus der Erde aufsteigt, sieht dagegen aus wie ein Lamm, redet aber wie ein Drache (Vers 11). Es ist also eine Parodie des Gotteslammes. Seine Autorität hat ihm das erste Tier verliehen. Dem dient es, indem es die Bewohner der Erde zwingt, dem ersten Tier die Anbetung zuteil werden zu lassen, die es fordert (Vers 12). Um dieses Ziel zu erreichen, tut es große Zeichen, die uns an die „lügenhaften Zeichen und Wunder" des Bösen erinnern (Vers 13, vgl. 2 Thess 2,9). Er geht entschlossen vor gegen diejenigen, die dem ersten Tier die Anbetung verweigern: sie werden zum Tode verurteilt (Vers 15) und von jedem wirtschaftlichen Handeln ausgeschlossen, ganz gleich, welche gesellschaftliche Stellung sie hatten (Verse 16 und 17). Dieses zweite Tier, das auch „der falsche Prophet" (Offb 19,20; 20,10) genannt wird, ist das Sinnbild einer Religion, die den Interessen des Staates dient. Die beiden Tiere stellen jedes Regierungssystem dar, das Anspruch auf Kontrolle aller Lebensbereiche seiner Bürger erhebt und aus der Religion ein Instrument der Unterwerfung unter sein totalitäres System macht.

Schlußfolgerung

Obwohl das Bild des Antichrist in den angeführten und kurz analysierten Stellen nicht in allen Einzelheiten klar wird, so lassen sich aufgrund der Exegese doch folgende Schlüsse ziehen:

1. Das Thema des Antichrist bildete einen Teil der mündlichen Unterweisung durch die Apostel in der Kirche des ersten Jahrhunderts (2 Thess 2,5; 1 Joh 2,18).
2. Die Verfasser des Neuen Testaments verstehen unter dem Antichrist eine apokalyptische Person, deren endgültiges Auftreten der Parusie, der Wiederkunft Christi, vorausgehen wird. Aber sie beschränken sein Wirken in keinster Weise allein auf die Zukunft; vielmehr sehen sie ihn bereits wirksam in vielen zeitgenössischen Ereignissen und Persönlichkeiten, die auf das Leben und auf den Auftrag der Kirche Einfluß

nehmen und auf eine zukünftige Inkarnation des Bösen hinweisen. Weder die rein zukunfts- noch die rein gegenwartsbezogene Deutung des Antichrist wird den biblischen Aussagen gerecht. Diese weisen darauf hin, daß im Gegenwärtigen eine eschatologische Spannung zwischen dem „Schon Jetzt“ und dem „Noch Nicht“ wirksam ist, die die Menschheitsgeschichte in der Zeit zwischen der Auferstehung und der Wiederkunft Christi kennzeichnet. Das Auftreten des Antichrist gehört in die Endzeit, aber es ist bereits „die letzte Stunde“ (1 Joh 2,18); der Antichrist ist bereits in „Antichristussen“ gegenwärtig, die Vorboten seines endgültigen Aufstandes sind.

Kein Gewaltherrscher der Vergangenheit, nicht einmal die römischen Kaiser, die Anbetung verlangten und sich *Dominus et Deus* (Herr und Gott) oder *Dominus et Soter* (Herr und Erlöser, Heiland) nennen ließen, haben solche Greuel und Schändungen begangen, die dem Antikönig im letzten Akt der Geschichte zugeschrieben werden. Kein Irrlehrer der Vergangenheit – nicht einmal die Leugner der Menschwerdung Gottes – hat jemals ein solches Ausmaß der Lüge verbreitet wie der falsche Prophet, der die große Rebellion auslöst. Doch das „Geheimnis der Bosheit“ regt sich bereits. Jede totalitäre Regierung und jede Religion, die Jesus Christus leugnet, sind erste Zeichen, die die endgültige Gegnerschaft zum Evangelium im Hier und Jetzt spürbar werden lassen.

3. Die zentrale Forderung des Antichrist lautet, daß ihm der Platz gebühre, der ausschließlich Gott gehört, und daß er die Anbetung und Verehrung erwarten könne, die allein Gott zusteht. Sein Anspruch ist absolut, und deshalb wird die ganze Menschheit und jeder einzelne vor die Alternative Anbetung Gottes oder Anbetung der Verneinung Gottes gestellt und damit vor die Wahl von Leben oder Tod.
4. Der Antichrist gründet sein Reich auf Irrtum, Täuschung und Lüge. Er hat die Macht, Zeichen und Wunder zu wirken, als Parodie der Wunder Jesu; damit überzeugt er die Menschen, die die Liebe zur Wahrheit nicht zu ihrer Rettung empfangen haben.
5. Das Ziel des Antichrist ist die Zerstörung der Kirche und der Gemeinde, entweder durch Verfolgung von außen durch eine antichristliche Regierung oder von innen mittels der

Verführung zum Irrtum, der von einer antichristlichen Religion ausgeht. Die Wirklichkeit seines Handelns in der Gegenwart läßt keinen Raum mehr für die irrige Annahme, es gäbe einen Weg, auf dem die Menschheit auf direkte Weise aus dieser Zeit in das Reich Gottes gelangen könnte. Die Pilgerreise in sein Reich geht mitten durch ein Konfliktfeld hindurch, in dem die Mächte der Finsternis beständig der Erfüllung der Absicht Gottes in Jesus Christus entgegenstehen. Das heißt, daß es keine Mission ohne Leiden geben kann.

6. Das Handeln des Antichrist kann nicht über die Grenzen hinausgehen, die ihm von Gott, dem Ursprung der Kraft, gesetzt sind. In Gottes Hand liegt das letzte Gericht (Offb 20,10). Der Antichrist kann niemals die letzte Vollendung der Ziele Gottes verhindern. Bis dahin ist die Kirche in ihrem Tun und in ihrer Verkündigung zur Treue gegenüber Christus aufgerufen, selbst bis zum Martyrium. „Hier muß sich die Standhaftigkeit der Kinder Gottes und ihre Treue bewähren" (Offb 13,10; Hoffnung für alle, Das Neue Testament, 1983).

2. Zeichen der Zeit im heutigen Lateinamerika

Die Geschichte der Deutungen vom Antichrist von Justin dem Märtyrer und Irenäus bis Hal Lindsey und Tim La Haye ist eine Warnung vor der Gefahr des Dogmatismus. Jeder Versuch, die biblische Lehre über diese endzeitliche Gestalt mit zeitgeschichtlichen Ereignissen zu verknüpfen, setzt sich dieser Gefahr aus. Allerdings kann man die apokalyptische Strömung im Neuen Testament nicht beiseite lassen, ohne ein wichtiges Element seiner Botschaft zu übergehen. Die Verfasser des Neuen Testamentes verwenden die apokalyptischen Symbole, einschließlich der Person des Antichrist, als Ausdruck einer Sichtweise des Handelns Gottes in der Geschichte, der kosmischen Dimension des Wirkens Jesu Christi und der transzendenten Bedeutung des Auftrags der Kirche. Ihre Vernachlässigung würde einen nicht wiedergutzumachenden Verlust für den christlichen Glauben bedeuten.[6] Deshalb müssen wir, trotz des Risikos, Fehler zu machen, versuchen, die Zeichen der Zeit in unserem geschichtlichen Lebenszusammenhang zu entziffern.

In der *Evangelikalen Erklärung von Bogotà* haben wir 1969

anerkannt, daß sich der Prozeß der Evangelisation in konkreten menschlichen Zusammenhängen vollzieht. Wir haben von der Notwendigkeit gesprochen, das Beispiel Jesu Christi in der problematischen Realität Lateinamerikas, die von Unterentwicklung, Ungerechtigkeit, Hunger, Gewalt und Hoffnungslosigkeit gekennzeichnet ist, sichtbar werden zu lassen (Paragraph 6).

Seit dieser Zeit ist unsere Wirklichkeit wesentlich komplexer geworden und jedes ihrer oben genannten Kennzeichen hat inzwischen tragische Ausmaße angenommen. Jeder Beobachter kann feststellen, daß sich bei einem Bevölkerungswachstum von 200 auf 300 Millionen Menschen in den letzten 10 Jahren, in unserem Kontinent eine immer stärkere Tendenz zu Regierungen abzeichnet, die um jeden Preis versuchen, ein ganz bestimmtes Konzept wirtschaftlichen Wachstums durchzusetzen. Diese Regierungen halten sich für die Schrittmacher der Modernisierungen, die von den sogenannten Entwicklungs- und Schwellenländern angestrebt werden.[7] Sie sind dem Mythos des Fortschritts aufgesessen, der nichts anderes ist als eine säkularisierte Version biblischer Eschatologie, und sie übernehmen das ökonomische Wachstumsmodell, das vor allem in den Vereinigten Staaten verwirklicht ist, als ihr Modell für soziale Veränderung. Um dieses Ziel zu erreichen, bedienen sie sich einer Elite, die aufgrund eben dieser Modernisierung (z.B. technologische Produktion und Bürokratie) ein neues Bewußtsein entwickelt. Kennzeichen dafür sind u.a. eine rationale Einstellung, die Trennung der Mittel vom Zweck, das Trennen von privatem und öffentlichem Leben und die Anonymität in den sozialen Beziehungen.[8] Diese Regierungen benutzen die Massenmedien, um eine Sicht der Wirklichkeit zu verbreiten, die mit ihren wirtschaftlichen Plänen übereinstimmt.

Regierungspläne, die um jeden Preis durchgesetzt werden müssen, schaffen eine Gesellschaft, die in immer stärkerem Maße die für „entwickelte Länder" charakteristischen Wertvorstellungen übernimmt: grenzenlose Produktionssteigerung, Komfort, Effizienz, Erfolg. Wenn wir jedoch berücksichtigen, daß „in den Ländern aller Breitengrade und aller Rassen auf sozialer und wirtschaftlicher Ebene die gleichen grundsätzlichen Zielsetzungen in prinzipiell den gleichen Werten zum Ausdruck kommen,"[9] so zeigt sich, daß die Gesellschaft, deren Bild sich heute in Lateinamerika abzeichnet, (und zwar auf den unterschiedlichsten Entwicklungsstufen in verschiedenen Ländern unseres Kontinents), lediglich eine Version der modernen Industriegesellschaft ist, die sich ungeachtet ideologischer Grenzen nach und nach über die ganze Welt ausbreitet.[10] „Die Industriegesellschaft“, so sagt Raymond Aron, „...ist längst nicht überall in der Welt verwirklicht, aber es besteht die Möglichkeit dazu, in dem Sinne nämlich, daß sie bereits heute zu einer Bedingung *sine qua non* für Macht und Wohlstand geworden ist.“[11]

Beim Lausanner Kongress für Weltevangelisation habe ich 1974 auf die Bedeutung hingewiesen, die einem wiedergewonnenen biblischen Verständnis von der Sünde zukommt, sowie der Erkenntnis, daß der Mensch einer transzendenten Größe zum Opfer gefallen ist, die ihm einen selbstzerstörerischen Lebensstil aufzwingt. Ich habe ebenfalls betont, daß sich diese Größe in der modernen Welt durch *Materialismus* auszeichnet, d.h. durch „den Absolutheitsanspruch der heutigen Zeit mit all ihren Angeboten, wie Verbrauchsgütern, Geld, politischer Macht, Philosophie, Wissenschaft, sozialer Schicht, Rasse, Nationalität, Sex, Religion, Tradition...; 'der Kollektivegoismus', wie Niebuhr es nannte, der den Menschen dazu verleitet, seine Erfüllung in für ihn 'erstrebenswerten Dingen' des Lebens zu finden; jene große Lüge, der der Mensch in seinem von Gott getrennten Lebenswandel die Bedeutung, 'Gottes Ebenbild' zu sein, beimißt.“[12] An anderer Stelle habe ich in einem Aufsatz über den zwölften Absatz der Lausanner Verpflichtung dieses Thema so aufgenommen: daß die ganze Erde sich zu einem „weltweiten Dorf“ entwickelt, dessen Bewohner die Ideologie des Konsums eint.[13] Heute würde ich noch hinzufügen, daß das „Geheimnis der Bosheit“ in jener gigantischen Anstrengung am Werk ist, aus allen Nationen „entwickelte Länder“ zu machen, getreu dem Vorbild der Konsumgesellschaft und begründet mit wissenschaftlichen, technologischen und verwaltungstechnischen Argumenten.

Es liegt nicht in meiner Absicht, eine Lanze für ein utopisches „Zurück zur Natur“ zu brechen oder für die Gleichsetzung von christlichem Glauben und Agrargesellschaft zu plädieren. Ich weise lediglich darauf hin, daß das in der modernen Welt vorherrschende Gesellschaftsmodell für eine Gesellschaft charakteristisch ist, deren ganzes Streben auf physische Bequemlichkeit gerichtet ist, als ob das Leben in der Fülle des Besitzes bestünde, den man besitzt. Ich behaupte, daß hinter dem Materialismus dieser Konsumgesellschaft der Geist des Antichrist steht. Um die Verbindung zwischen dieser These und der Exegese im vorhergehenden Abschnitt noch deutlicher herauszuarbeiten, möchte ich einige Erläuterungen geben.

Die Zeit zwischen der Auferstehung und dem zweiten Kommen Christi zeichnet sich durch eine Ablehnung des Evangeliums aus, die einen Vorgeschmack auf das Auftreten des Antichrist vermittelt. Diese Opposition äußert sich nicht immer in Verfolgung. Sie kann auch als Verführung auftreten. Darum warnt die Lausanner Verpflichtung: „Wir müssen wachsam sein und die Geister unterscheiden, um die biblische Botschaft zu gewährleisten. Wir geben zu, daß wir selbst nicht immer gegen die Weltlichkeit in unseren Gedanken und Taten immun sind, so daß wir uns dem Säkularismus ausliefern."[14]

Der Geist des Antichrist wird sichtbar im Bemühen der Kirche, ihren Auftrag im Einklang mit den allgemeinen Spielregeln und Werten der Gesellschaft um sie herum zu erfüllen. Dies geschieht z.B. auch, wenn in der Evangelisation das biblische Evangelium, in dessen Zentrum Jesus Christus, der Herr und Heiland, steht, ersetzt wird durch eine Botschaft, in der kein Platz ist für die Forderungen christlicher Nachfolge. Stattdessen ist sie für den Massenkonsum aufbereitet worden. Genau auf diese Gefahr bezog ich mich mit dem Wort vom „Kulturchristentum" beim Kongreß in Lausanne. Die Mahnung besteht fort, umso mehr, als wir inzwischen noch stärker von rationalistischen Lebenskonzepten geprägt sind, die für den Säkularismus der modernen Gesellschaft so bezeichnend sind.[15]

Manchmal will es scheinen, daß *„1984"*, der Roman von George Orwell, bereits Wirklichkeit geworden ist, besonders, was die totalitäre Natur der Gesellschaft anbelangt. Auch hier wird der Antichrist sichtbar, vor allem in der Rolle des Staates mit seiner maßlosen Konzentration politischer und wirtschaftlicher Macht in fast allen Ländern Lateinamerikas. Octavio Paz beschreibt im Blick auf den Staat: „Seine Realität ist ernorm. Derart enorm, daß sie irreal erscheint: der Staat ist überall, aber er hat kein Gesicht. Wir wissen weder was, noch wer er ist. Wie die Buddhisten der ersten Jahrhunderte, die den Erleuchteten nur duch seine Attribute darstellen konnten, erkennen wir den Staat nur an dem Ausmaß seiner Verheerungen. Er ist körperlos: keine leibhafte Erscheinung, sondern Herrschaft. Er ist anonym."[16]

Der Materialismus unserer Zeit mit seiner eindimensionalen Sicht der Wirklichkeit zwingt uns seine Wertmaßstäbe auf und bietet uns einen Heilsweg an, der das Heil in Christus leugnet, einen Anti-Heilsweg. Sein Wesen ist die Lüge, daß der Mensch unabhängig von Gott wie Gott sein kann. Darum tritt der Materialismus nicht direkt als Verneinung des christlichen Glaubens auf, sondern als ein Plan individuellen und sozialen Heils. Als säkulare Religion bestimmt er das Leben seiner Anhänger in allen Bereichen, er bedient sich zur Verbreitung seiner Botschaft ausgiebig der Massenmedien; er bietet Hoffnung an, in Form von Wirtschaftswachstum oder von Revolution. Begleitet wird seine Mission von den Zeichen und Wundern moderner Technologie; bei Regierungen findet sie Unterstützung, denn sie ist der Kitt, der die Gesellschaft zusammenhält. Jacques Ellul sagt ganz richtig: „Ein Staat ist nicht gesichert, wenn er keine Staatsreligion hat. Die Politik ist angewiesen auf die Religion als Verbündeten.“[17]

Für die Regierungen unserer Länder, ob sie sich nun als christlich bezeichnen oder nicht, übernimmt der Materialismus die Rolle der Religion.

Die letzten Jahre geben uns in unserem eigenen historischen Kontext aussagekräftige Beispiele an die Hand, wie der Staat sich zum Gott erhebt und seine Bürger versklavt, ohne die geringste Rücksicht auf die grundlegenden Menschenrechte. Politische Morde, Folter, spurloses Verschwinden, Inhaftierung ohne Verfahren, Konzentrationslager – und all dies im Namen der nationalen Sicherheit – sind genauso Zeichen des Antichrist in Lateinamerika.[18]

3. Verkündigung in lateinamerikanischen Zusammenhängen

Bisher haben wir uns mit der Lehre des Neuen Testamentes über den Antichrist und mit den Zeichen der Zeit in unserer Situation beschäftigt. Im Folgenden widmen wir uns der Frage nach der Verkündigung Jesu Christi heute in den Lebenszusammenhängen Lateinamerikas. Die eschatologische Lehre des Neuen Testaments soll nicht unsere Neugier im Hinblick auf die Zukunft befriedigen. Sie soll uns auch keine Handreichung für das Ausarbeiten phantasievoller Futurologien bieten. Vielmehr will sie uns einladen, das Wesen der Zeit zu erkennen, damit wir Jesus Christus treu bleiben im Leben und Auftrag der Kirche in der Gegenwart.

Das Wirken des Antichrist zu erkennen bedeutet, verstärkt wachsam zu sein, um vom Feind nicht getäuscht zu werden. Die Erklärung von Bogotà betont, daß „gesellschaftliche Strukturen einen Einfluß auf die Kirche haben und auf diejenigen, die das Evangelium annehmen. Wenn diese Wirklichkeit übersehen wird, so wird das Evangelium verunstaltet und das christliche Leben verarmt" (Paragraph 6). Die Lausanner Verpflichtung geht noch weiter und warnt, wie bereits erwähnt, daß „wir selbst nicht immer gegen die Weltlichkeit in unseren Gedanken und Taten immun sind, so daß wir uns dem Säkularismus ausliefern"; sie führt aus: „Manchmal haben wir unsere Botschaft verwässert und durch Manipulation unsere Zuhörer unter Druck gesetzt, um für das Evangelium einen Erfolg zu erzielen. Wir haben zu großen Wert auf Statistiken gelegt und diese Unterlagen sogar unlauter benutzt."[19] Hinter all diesem Sich-mit-der-Welt-Gleichstellen und dem Übernehmen der Werte der säkularen Gesellschaft steht der Geist des Antichrist.

Redlichkeit und Treue zum Evangelium verlangen aber, daß Christus als Herr aller Lebensbereiche verkündigt wird. Die Lausanner Verpflichtung sagt: „Wer die Einladung des Evangeliums ausspricht, darf nicht verschweigen, daß Nachfolge etwas kostet."[20]

In der Zeit zwischen der Auferstehung und der Wiederkunft Christi geschieht die Verkündigung in einem Kontext der geistlichen Auseinandersetzung. In ihrem Verlauf baut sich die Macht des Antichrist auf, um die Verwirklichung der Ziele Gottes zu durchkreuzen. Lesslie Newbigin sagt zu Recht: „Und wenn wir bedenken, daß Sinn und Ende der Geschichte in Jesus Christus in dieser Welt offenbar geworden sind, wird uns das auch verständlich; denn wenn es so ist, daß nun die Geschichte der Menschheit ihren ganzen Sinn in Christus hat, müssen dann nicht die Mächte der Finsternis in einer letzten großen Anstrengung die Geschichte im Gegensatz zu Christus aufzubauen suchen? Müssen sie nicht das Reich des Antichrist errichten?"[21]

Wenn in Lateinamerika die Herrschaft des Antichrist die Gestalt einer Gesellschaft annimmt, die materiellen Gütern absoluten Wert zumißt; wenn in den Regierungen Christen bereit sind, einen hohen sozialen Preis dafür zu bezahlen, daß sie ihre wirtschaftlichen Entwicklungspläne durchführen können, dann muß die Verkündigung des Evangeliums neben der guten Nachricht von der Erlösung in Jesus Dinge aufdecken, denunzieren, die in dieser Gesellschaft der Entfaltung menschlichen Lebens entgegenstehen. Die augenblickliche Herausforderung ist nicht, Regierungen mit frommem Zungenschlag zu kritisieren, sondern entschlossen den Werten und Einstellungen entgegenzutreten, durch die unsere Völker mit Hilfe der Werbung angepaßt werden. Es ist nicht unsere Aufgabe, den offiziellen Mythen andere säkulare Mythen entgegenzusetzen, sondern vielmehr Gottes Gericht anzusagen über jeden Versuch, das Reich Gottes ohne Gott aufzubauen. Seit Christus in die Welt gekommen ist, liegt der Schlüssel zur Geschichte in seinem Tod und in seiner Auferstehung. Die Verkündigung stellt die Menschheit vor nur eine einzige Alternative: Christus oder Antichrist.

Das Wirken des Antichrist auf der gegenwärtigen Stufe der Heilsgeschichte zu erkennen, bewahrt uns davor, in der christlichen Mission eine auftrumpfende Haltung einzunehmen. Das Kommen Christi entfesselte die Mächte der Finsternis zu einem Angriff auf die Auswirkungen seines Lebens und seines Erlösungswerkes. Dieser Kampf führte zur Kreuzigung des Königs der Ehren. Aber dies war nicht das Ende. Es wurde nur der Maßstab für den Auftrag der Kirche durch alle Jahrhunderte gesetzt. Seit damals ist ihr Weg immer von Leiden gekennzeichnet. Aus diesem Grunde schreibt auch Petrus: „Ihr Lieben, laßt euch durch die Hitze nicht befremden, die euch widerfährt zu eurer Versuchung, als widerführe euch etwas Seltsames, sondern freut euch, daß ihr mit Christus leidet, damit ihr auch zur Zeit der Offenbarung seiner Herrlichkeit Freude und Wonne haben mögt“ (1 Petr 4,12f). Wie die Lausanner Verpflichtung betont, ist die Verfolgung entsprechend der Warnung Christi unausweichlich.

Als Nachfolger des gekreuzigten Christus dürfen wir uns über die häufig feindseligen Reaktionen der Welt auf die Verkündigung des Evangeliums nicht wundern, beruht doch unser Glaube auf der Auferstehung Jesu Christi. Darum wissen wir, daß in der Auseinandersetzung zwischen Christus und dem Antichrist Gott das letzte Wort hat. Der endgültige Sieg gehört dem Einen, der die Welt durch die Macht seines Opfers überwunden hat. Deshalb können wir leben in der Erwartung, daß Gott seine Absichten erfüllt, daß alles, was im Himmel und auf

Erden ist, unter die Herrschaft Christi kommt (Eph 1,10). Den Tag und die Stunde dieses letzten Triumphes kennt niemand außer dem Vater (Mt 24,36). Aber während wir warten, sitzen wir nicht da und legen die Hände in den Schoß, sondern wir setzen alles ein, um das Evangelium in der Treue zu Jesus Christus zu leben und zu verkündigen.

Es gibt Zeichen, die das nahende Ende ankündigen. Wir können uns des Eindrucks nicht erwehren, daß die Kräfte des Bösen sich für die letzte Auflehnung gegen Gott und seinen Gesalbten sammeln. Doch weil Christus von den Toten auferweckt wurde, wagen wir trotzdem zu glauben, daß die Sache des Evangeliums das einzige ist, das Zukunft hat. Jesus Christus sagt: „Ja, ich komme bald." Und wir antworten: „Amen, ja komm, Herr Jesus!" (Off 22,20).

III. Der Auftrag der Kirche im Licht der Königsherrschaft Gottes

Jeder Versuch, das Verhältnis zwischen der Herrschaft Gottes und der Kirche auf der einen Seite und zwischen der Herrschaft Gottes und der Welt auf der anderen Seite in Worten und Begriffen zu erklären und zu bestimmen, wird notwendigerweise unvollständig bleiben. Von der Herrschaft Gottes zu sprechen bedeutet, von Gottes Erlösungswillen für die gesamte Schöpfung zu sprechen. Das ist die historische Berufung der Kirche hier und heute, „zwischen den Zeiten". Es beinhaltet auch das Reden von einer eschatologischen Wirklichkeit, in der Anfang und Ziel der Kirche eingeschlossen sind. Der Auftrag der Kirche kann darum nur im Licht der Herrschaft Gottes verstanden werden.

1. Die Gegenwart der Herrschaft Gottes

Die zentrale Aussage des Neuen Testamentes ist, daß Jesus gekommen ist, um die Verheißungen und Prophezeiungen des Alten Testamentes zu erfüllen, und daß in seiner Person und in seinem Wirken die Herrschaft Gottes in der Gegenwart Wirklichkeit geworden ist.

Ein Grundgedanke jüdischer Eschatologie zur Zeit Jesu und der Apostel war die Vorstellung von zwei Zeitaltern (Äonen). Die geläufigen Begriffe dafür in der rabbinischen Literatur sind „dieser Äon" und „der kommende Äon".[1] Dieser Dualismus der jüdischen Eschatologie spiegelt den tiefgründigen Pessimismus des jüdischen Volkes während der Herrschaft der heidnischen Kaiser in der Zeit nach dem Exil wider. Die Stimme Gottes schwieg, das messianische Königsreich, von den Propheten angekündigt, war nicht erschienen. Im Gegenteil, die Gläubigen in Israel waren Opfer des Hasses und der Verfolgung durch die Heiden geworden. Auf diesem Hintergrund wuchs in Israel ein Geschichtsverständnis mit einem übertriebenen Interesse an der Zukunft und einer ständigen Verachtung der Gegenwart. Geschichte und Eschatologie hatten nichts mehr miteinander zu tun. Obwohl die Juden immer noch von Gott das Aufrichten einer neuen Schöpfung erwarteten, sahen sie dies als ein Ereignis in der Zukunft. Die Gegenwart war im Gegensatz dazu der Herrschaft des Bösen und der Leiden unterworfen.

Diese Eschatologie steht im Widerspruch zu den Propheten des Alten Testamentes. Für sie war das Erfüllen von Gottes Zielen innerhalb der Geschichte von überragender Wichtigkeit. „Die Botschaft der Propheten richtet sich an das Volk von Israel in einer jeweils bestimmten historischen Situation; und Gegenwart und Zukunft werden durch eine eschatologische Spannung zusammengehalten“ (George Eldon Ladd).[2]

Überall im Neuen Testament wird die Lehre von den zwei Äonen vorausgesetzt, aber im Licht von Tod und Auferstehung Jesu Christi ausgelegt. Die Grundvoraussetzung ist, daß Gott im Leben und Wirken Christi definitiv gehandelt hat, um sein Rettungswerk zu erfüllen. Der Hauptdarsteller ist erschienen, und das eschatologische Drama der jüdischen Hoffnung hat begonnen. Eschatologie ist in die Geschichte eingebrochen. Dies hat mit Oskar Cullmanns Worten „die neue Zeiteinteilung“ gebracht.[3]

Anders als das Judentum glaubt die Christenheit zur Zeit des Neuen Testamentes, daß das Zentrum der Zeit und der Geschichte nicht in der Zukunft, sondern in der Vergangenheit liegt: es ist in Jesus Christus erschienen. Der neue Äon („das kommende Zeitalter“) der jüdischen Hoffnung hat schon begonnen; hier und heute können sich Männer und Frauen der Segnungen der Herrschaft Gottes erfreuen.

Obwohl das Zentrum der Zeit überschritten ist, liegt die Vollendung des neuen Zeitalters noch in der Zukunft. Der gleiche Gott, der durch sein Eingreifen in die Geschichte dieses dramatische Geschehen ausgelöst hat, handelt immer noch und wird weiter handeln, um das Drama zu seinem Abschluß zu bringen. Die Herrschaft Gottes ist also beides: eine gegenwärtige Wirklichkeit und eine Verheißung, die in der Zukunft erfüllt wird. Sie ist gekommen (und somit unter uns gegenwärtig) und sie wird kommen (und somit warten wir auf ihr Kommen).

Dieses gleichzeitige Bejahen von Gegenwart und Zukunft läßt die eschatologische Spannung entstehen, die das gesamte Neue Testament durchdringt und ohne Zweifel eine Wiederentdekkung „prophetisch-apokalyptischer" Eschatologie des Alten Testamentes darstellt, die im Judaismus verlorenging.[4]

Die neuesten Untersuchungen über die Eschatologie im Neuen Testament kommen zu folgendem Ergebnis: die älteste Überlieferung der Lehre Jesu verbindet das Bejahen der kommenden Gottesherrschaft als gegenwärtige Wirklichkeit mit der Erwartung zukünftiger Vollendung des Rettungswerkes Gottes. Die Grundvoraussetzung des Auftrags Jesu und das zentrale Thema seiner Lehre ist nicht die Hoffnung, daß das Reich Gottes zu einem voraussagbaren Zeitpunkt anbrechen wird, sondern die Tatsache, daß in seiner Person und in seinem Werk diese Herrschaft unter Männern und Frauen schon in großer Kraft gegenwärtig ist. Er versichert, daß niemand Tag und Stunde weiß, an dem dieses eschatologische Drama zu seinem Abschluß kommen wird, „auch die Engel im Himmel nicht, auch der Sohn nicht, sondern allein der Vater" (Mk 13,32). Aber gleichzeitig bestätigt er, daß der letzte Akt dieses Dramas („die letzten Tage") schon begonnen hat.

Die Herrschaft Gottes kommt durch Gottes dynamische Kraft, durch die „Blinde sehen und Lahme gehen, Aussätzige rein werden und Taube hören, Tote aufstehen und Armen das Evangelium gepredigt wird" (Mt 11,5). Sie kommt durch den Geist Gottes, den Finger Gottes, der Dämonen austreibt (Mt 12,28; Lk 11,20). Sie wird sichtbar in der Befreiung von Besessenheit (Lk 8,36), von Blindheit (Mk 10,52), vom Blutfluß (Mk 5,34) und sogar vom Tod (Mk 5,23). Das Königreich der Finsternis (gleichzusetzen mit „diesem Äon") ist angegriffen worden, der „Starke" ist entwaffnet, erobert und ausgeplündert (Mt 12,29; Lk 11,22). Die Stunde, von den Propheten verheißen, ist angebrochen, der Gesalbte ist gekommen und verkündigt den Armen das Evangelium, den Gefangenen die Freiheit und den Blinden, daß sie sehend werden; die Zerschlagenen werden frei und das Gnadenjahr des Herrn wird ausgerufen (Lk 4,18-19). Mit anderen Worten, der geschichtliche Auftrag Jesu kann nur verstanden werden in Verbindung mit der Herrschaft Gottes.

Sein Auftrag hier und jetzt ist das Sichtbarmachen dieser Herrschaft als einer Wirklichkeit gegenwärtig unter den Menschen in seiner Person und seinem Handeln, in seinem Reden und Verkündigen des Wortes Gottes und in seinen Taten der Gerechtigkeit und Gnade.

Folglich ist die Herrschaft Gottes die sichtbar gewordene dynamische Kraft Gottes, in der Jesus sich als Messias erwiesen hat. Damit ist eine neue Wirklichkeit in den Fluß der Geschichte eingebrochen und beeinflußt das menschliche Leben nicht nur ethisch und spirituell, sondern auch physisch und psychisch, materiell und gesellschaftlich. In Erwartung der eschatologischen Vollendung am Ende der Zeit wurde die Herrschaft Gottes feierlich eingeleitet in der Person und in den Werken Christi. Sie ist wirksam unter den Menschen, obwohl sie nur im Glauben wahrgenommen werden kann (Lk 17,20-21). Gottes Absichten werden erst in der Zukunft vollkommen erfüllt, aber ein Vorgeschmack des Eschaton ist schon jetzt möglich.

Nur im Licht des sichtbaren Gestaltwerdens der Herrschaft Gottes kann Jesu Proklamation dieser Herrschaft verstanden werden. Sein Ruf: „Die Zeit ist erfüllt, und das Reich Gottes ist herbeigekommen. Tut Buße und glaubt an das Evangelium!" (Mk 1,15) ist keine Rede ohne bestätigende Zeichen, sondern es ist eine gute Nachricht, die in unser Hören und Sehen einbricht.

Nach Jesu Worten ist es

(1) eine Nachricht über eine historische Tatsache, ein Ereignis, das tatsächlich stattfindet und das Leben der Menschen in allen Bereichen betrifft;

(2) eine Nachricht von öffentlichem Interesse, denn sie hat Auswirkungen auf die gesamte Menschheitsgeschichte;

(3) eine Nachricht, die sich auf die Erfüllung alttestamentlicher Prophezeiungen bezieht (die *malkuth Jahwe,* durch die Propheten angekündigt und von Israel gefeiert, ist gegenwärtige Wirklichkeit geworden);

(4) eine Nachricht, die zur Buße und zum Glauben ruft und

(5) eine Nachricht, die eine neue Gemeinschaft begründet, eine Gemeinschaft von persönlich gerufenen Menschen.

Wie die Herrschaft Gottes gekommen ist, kann in dem sich entfaltenden Wirken Jesu erkannt werden. In Ihm und durch Ihn wird diese Herrschaft zur gegenwärtigen Wirklichkeit.

2. Die Herrschaft Gottes und die Kirche

Das Neue Testament stellt die Kirche als eine Gemeinschaft unter der Herrschaft Gottes dar. In ihr wird Jesus als der Herr des Universums anerkannt und durch sie nimmt die Herrschaft Gottes, in Vorwegnahme des Endes, konkret in der Geschichte Gestalt an.

Die Begriffe *Messias* und *messianische Gemeinschaft* gehören zusammen: Wenn Jesus der Messias war, wie er es für sich beansprucht hat, dann ist es keineswegs verwunderlich, daß er sich u.a. mit einer Gemeinschaft umgab, die die Gültigkeit seines Anspruches anerkannte. Sogar eine sehr oberflächliche Untersuchung der Ereignisse führt zu dieser Erkenntnis. In der Zeit seines Wirkens berief er Männer und Frauen, alles zurückzulassen und ihm nachzufolgen (Lk 9,57-62; 14,25-33; Mt 10,34-39). Diejenigen, die den Ruf annehmen, werden „die kleine Herde", der Gott sein Reich anvertrauen will (Lk 12,32). Sie sind die Menschen, die er „vor dem himmlischen Vater bekennen wird" (Mt 10,32f). Sie bilden seine Familie, sind ihm näher als seine Brüder oder seine leibliche Mutter (Mt 12,50).

Jesus bezeichnet diese messianische Gemeinschaft als „meine Gemeinde" (Mt 16,18), und das entspricht vollkommen einem Teil seines Auftrags: Er will sich mit einer eigenen Gemeinschaft umgeben, in der die Verheißungen des Bundes Gottes mit Israel zur Erfüllung gelangen können. Erst als die Jünger ihn als Messias erkannt haben, erklärt er seine Absicht. Er ist der Messias, mit dem die Herrschaft Gottes angebrochen ist. Die Gemeinde ist die Gemeinschaft, die nur durch seine königliche Macht entsteht. Da das der Fall ist, kann man nicht selbstverständlich Gemeinde und Reich Gottes gleichsetzen. Ladd schreibt dazu: „Wenn die dynamische Vorstellung der Königsherrschaft stimmt, kann sie niemals identifiziert werden mit der Kirche ... Um im biblischen Bild zu bleiben: Die Königsherrschaft ist nicht gleichzusetzen mit ihren Untertanen. Sie sind die Menschen unter der Regierungsgewalt Gottes, die in die Königsherrschaft eintreten, unter ihr leben und von ihr bestimmt werden. Die Kirche ist die Gemeinde unter der Königsherrschaft, aber nie die Königsherrschaft selbst ... Die Königsherrschaft ist die Regierungsgewalt Gottes, die Kirche eine Gemeinschaft von Menschen."[5]

Nach Pfingsten lag es in Gottes Absicht, seine Herrschaft als gegenwärtige Wirklichkeit durch die Gabe des Heiligen Geistes weiterzuführen. Der Beleg ist ein Zwiegespräch. Als Jesu Jünger ihn fragen: „Herr, wirst du in dieser Zeit wieder aufrichten das Reich für Israel?“ antwortete er: „Es gebührt euch nicht, Zeit oder Stunde zu wissen, die der Vater in seiner Macht bestimmt hat; aber ihr werdet die Kraft des heiligen Geistes empfangen, der auf euch kommen wird, ...“ (Apg 1,6-8). Der Heilige Geist ist der Vermittler der Eschatologie auf dem Weg zur Vollendung. Die Herrschaft Gottes, die mit Jesus in die Geschichte eingebrochen ist, wirkt weiter durch den Heiligen Geist.

Die Gemeinde ist das Ergebnis des Handelns Gottes durch seinen Geist. Sie ist der Leib Christi und als solcher der Lebensraum, in dem sich das Leben im neuen, durch Jesus Christus gebrachten Äon abspielt; der Heilige Geist ist der Mittler, der den Glaubenden dieses Leben verleiht (2 Kor 3,6; Gal 5,25; Röm 8,2 u.6). Ebenso gibt der Geist der Gemeinde *charismata,* durch die ihre Existenz als missionarische Gemeinschaft überhaupt erst ermöglicht wird (1 Kor 2,4ff.). D.h., die Gemeinde ist nicht in erster Linie eine *Organisation,* sondern ein *Organismus,* dessen Glieder durch das Wirken des Heiligen Geistes verbunden sind. „Ein Leib“ und „ein Geist“ gehören zusammen (Eph 4,4).

Die Relevanz dieser Beziehung von Heiligem Geist und Gemeinde für ein angemessenes Verständnis der Beziehung von Herrschaft Gottes und Kirche kann nicht hoch genug eingestuft werden. Schon in ihrer bloßen Existenz ist die Kirche abhängig vom Heiligen Geist. Ihr Reden und Handeln sind nur Mittel, um die Herrschaft Gottes in der Gegenwart sichtbar zu machen; sie können nicht einfach als menschliches Reden und Handeln angesehen werden.

Die Herrschaft Gottes gehört nicht ausschließlich der Zukunft an. Sie ist eine Wirklichkeit, die auch in der Gegenwart in der christlichen Gemeinde, der „Wohnung Gottes im Geist“ (Eph 2,22), Gestalt annimmt. Die Gemeinde ist nicht das Reich Gottes, aber die konkrete Auswirkung dieses Reiches. Noch trägt sie die Züge der geschichtlichen Existenz des Reiches Gottes, die Zeichen des „Noch nicht“, die die Gegenwart charakterisieren. Aber hier und heute hat die Gemeinde Anteil am „Schon jetzt“ der Herrschaft Gottes, wie sie Jesus in die Welt gebracht hat.

Als Gemeinschaft unter der Herrschaft Gottes, der „Wohnung Gottes im Geist", ist die Kirche gerufen, eine „neue Gesellschaft" zu sein, die sich aus Juden und Heiden zusammensetzt (1 Kor 12,13). Die Kirche darf nicht mit dem Reich gleichgesetzt werden, aber sie darf auch nicht von ihm losgelöst werden. Hier und jetzt soll sie die Werte der Königsherrschaft Gottes in der Kraft des Heiligen Geistes widerspiegeln. Damit ist nicht gesagt, daß diese Kirche schon „die siegreiche Kirche" sei, sondern es soll uns bewußt gemacht werden, daß sie das „Israel Gottes" (Gal 6,16) ist. Das Volk Gottes ist gerufen, Jesus Christus als Herrn zu bezeugen und im Lichte dieses Zeugnisses zu leben. Lesslie Newbigin beschreibt das so: „Nur die Gemeinschaft, die begonnen hat, die Wirklichkeit des Reiches zu schmecken (auch wenn es nur ein Vorgeschmack ist), kann die Hermeneutik (das Verständnis) der Botschaft gewährleisten ... Ohne die Verständnishilfe solch einer lebendigen Gemeinschaft wird die Botschaft vom Reich zu einer Ideologie oder einem Aktionsprogramm. Sie wird kein Wort Gottes mehr sein."[6]

Die Auswirkungen von Pfingsten bestanden nicht nur in einer vollmächtigen Verkündigung, sondern es folgten auch „viele Wunder und wunderbare Zeichen" der Apostel, und es bildete sich eine Gemeinschaft der Menschen, die beständig blieben „in der Lehre der Apostel und in der Gemeinschaft und im Brotbrechen und im Gebet"; die beieinander waren und alle Dinge gemeinsam hatten (Apg 2,42-44; auch 4,32-37). Pfingsten bedeutete also Kraft für einen neuen Lebensstil, der eine neue Ökonomie zur Folge hatte. Die durch Jesus Christus freigesetzten Kräfte des neuen Äon waren durch den Heiligen Geist anwesend im Volk Gottes und befähigten die Christen, ein glaubwürdiges Zeichen der Herrschaft Gottes zu sein.

3. Mission und gute Werke

Weil die Herrschaft Gottes in Jesus Christus gekommen ist, kann der Auftrag der Kirche nicht unabhängig von der Gegenwart dieser Herrschaft verstanden werden. Der Auftrag der Kirche ist eine Weiterführung des Auftrags Jesu: Die Manifestation der Königsherrschaft Gottes (wenn auch jetzt noch nicht vollkommen) durch Verkündigung genauso wie durch soziale Dienste und diakonisches Handeln. Das apostolische Zeugnis,

Dienste und diakonisches Handeln. Das apostolische Zeugnis, daß Jesus Christus der Herr sei, wird als Zeugnis des Geistes durch die Kirche weitergegeben. Gott, der ihm das Universum unterstellt hat, „hat ihn gesetzt der Gemeinde zum Haupt über alles, welche sein Leib ist, nämlich die Fülle dessen, der alles in allem erfüllt“ (Eph 1,22f). Als die Gemeinschaft unter der Herrschaft Gottes bekennt und verkündet die Kirche Jesus Christus als Herrn. Sie übt auch gute Werke, zu denen Gott sie zuvor in Christus Jesus bereitet hat, „daß wir darin wandeln sollen“ (Eph 2,10).

Es ist wahr, daß „durch die Briefe der Apostel Jesus und die Apostel weiterhin zu uns sprechen“[7]; ebenso wahr ist es, daß durch die Gemeinde und ihre guten Werke die Herrschaft Gottes eine in der Geschichte erfahrbare, gegenwärtige Wirklichkeit wird. Gute Werke sind keine kleine Zugabe zur Verkündigung. Sie sind vielmehr ein wesentlicher Teil des gegenwärtigen Gestaltwerdens der Herrschaft Gottes. Sie weisen hin auf die Herrschaft, die schon gekommen ist, und auf das Reich, das noch kommen wird.

Dies bedeutet selbstverständlich nicht, daß diese guten Werke – die Zeichen der Herrschaft Gottes – notwendigerweise Ungläubige von der Wahrheit des Evangeliums überzeugen könnten. Selbst die Zeichen und Wunder Jesu wurden manchmal abgelehnt. Doch wurden nicht nur seine Werke allein abgelehnt, einige wandten sich auch ab von seiner Verkündigung. Deshalb dürfen wir christliche Mission nicht dahingehend deuten, daß der Eindruck entsteht, verbale Verkündigung sei „für Nichtgläubige überzeugend“, während sichtbare Zeichen – gute Werke – es nicht seien.[8] Weder Sehen noch Hören allein werden immer zum Glauben führen. Reden und Handeln weisen beide hin auf die Herrschaft Gottes, aber „niemand kann Jesus den Herrn nennen außer durch den heiligen Geist“ (1 Kor 12,3).

4. Die Herrschaft Gottes und die Welt

Nach dem Zeugnis des Neuen Testamentes ist die ganze Welt der Herrschaft Jesu Christi unterstellt. Die Hoffnung der Christen richtet sich auf die Erfüllung der Absicht Gottes, alle Dinge im Himmel und auf Erden ihm untertan zu machen und die Menschheit unter seiner Herrschaft von Sünde und Tod zu befreien.

Der Christus, den die Gemeinde als Herrn anerkennt, ist der Herr des gesamten Universums. In der Bejahung seiner allumfassenden Herrschaft liegt das Fundament für die Mission der Kirche. Christus ist als König eingesetzt worden und sein Herrschaftsbereich erstreckt sich über die gesamte Schöpfung. Als Weltenherrscher beauftragt er seine Jünger, alle Völker zu Jüngern zu machen (Mt 28,18-20).

Die Gemeinde ist Zeichen der universalen Herrschaft Jesu Christi – konkrete Bekundung der Herrschaft Gottes. Die Tatsache, daß Jesus „Herr über alles" ist, bedeutet nicht nur, daß er die Herrschaft über alle Männer und Frauen hat, sondern auch, daß er alle Menschen, die seinen Namen anrufen, an den Segnungen der Herrschaft Gottes schon in der Gegenwart teilhaben läßt (Röm 10,12). Die Tatsache, daß er „Haupt über alles" ist, ist entscheidend, denn so ist ihm die Herrschaft über die Gemeinde gegeben, damit sie erfüllt würde mit seiner Fülle (Eph 1,22f).

Als der erhöhte Herr, dessen Hoheit sich über das ganze Universum erstreckt, hat er sein Volk mit Gaben beschenkt. Dadurch werden sie befähigt, zu einer organischen Einheit zu werden, nach dem Vorbild der Menschlichkeit, das er vollkommen verwirklicht hat (Eph 4,11-16). Er, der Erstgeborene der alten Schöpfung kraft seines Amtes als Weisheit Gottes, ist zugleich der Erstgeborene der neuen Schöpfung aufgrund seiner Auferstehung. Er, „das Haupt aller Mächte und Gewalten" (Kol 2,10), ist zugleich „das Haupt des Leibes, nämlich der Gemeinde" (Kol 1,18; Eph 5,23), das Haupt, von dem her die Gemeinde ihr Leben erhält (Kol 2,19). Durch Christi Tod wollte Gott alles mit sich versöhnen (Kol 1,20) und durch seinen sterblichen Leib versöhnte er die Glaubenden, daß er sie „heilig und untadelig und makellos vor sein Angesicht stelle" (Kol 1,22). Die Tatsache, daß er zur „Rechten Gottes sitzt" bestätigt nicht nur seinen Vorrang als vermittelnder Herrscher über alle Schöpfung, sondern ist auch ein Ausdruck seines Amtes als Fürsprecher für sein Volk (Hebr 1,3; 10,12; Röm 8,27).

Dieser Aussagezusammenhang des Neuen Testamentes führt uns zu der Schlußfolgerung: wenn die Kirche richtig verstanden werden soll, muß sie im Zusammenhang mit Gottes universalen Absichten in Christus Jesus gesehen werden. Gottes Wille ist es, „daß alle Dinge zusammengefaßt würden in Christus, beides, was im Himmel und auf Erden ist" (Eph 1,10). Das „offene

Geheimnis“ nimmt in der Kirche schon Gestalt an, die in ihrem Bekenntnis zu Christus die Erfüllung von Gottes Absichten erwartet, „daß in dem Namen Jesu sich beugen sollen aller derer Knie, die im Himmel und auf Erden und unter der Erden sind, und alle Zungen bekennen sollen, daß Jesus Christus der Herr ist zur Ehre Gottes, des Vaters“ (Phil 2,10f). Von der Herrschaft Gottes zu sprechen heißt, vom allumfassenden Evangelium zu sprechen, einer Botschaft, deren Zentrum der Sohn ist, gesandt vom Vater „zum Heiland der Welt“ (1 Joh 4,14).

Obwohl Gottes Plan die ganze Welt einschließt, lebt nicht jeder Mensch automatisch im Reich Gottes. Das Reich Gottes ist eine eschatologische Wirklichkeit, der man sich zuordnen muß. Man kann nicht dazu gehören, ohne bestimmte Voraussetzungen zu erfüllen (Mt 5,20; 7,21; 18,3; 19,23; Mk 10,23ff). Folglich ist die Verkündigung des Reiches Gottes nicht nur das Verkünden einer objektiven Tatsache, über die jeder unterrichtet sein sollte, sondern es ist beides: die Verkündigung einer Tatsache und ein Aufruf zum Glauben.

Im Licht von Gottes weltumfassenden Absichten kann die Beziehung der Welt zur Herrschaft Gottes nicht ausschließlich von seiner Vorsehung her verstanden werden. Mit dem Kommen Jesu Christi wurde die ganze Welt unter das Zeichen des Kreuzes gestellt. Das Kreuz bedeutet nicht nur Gericht, sondern auch Gnade. Weil Jesus Christus starb und von den Toten auferweckt wurde, kann die Welt nicht mehr nur als Menschheit unter dem Gericht Gottes gesehen werden. Seine Gerechtigkeit hat universale Auswirkungen. Denn „wie nun durch die Sünde des Einen die Verdammnis über alle Menschen gekommen ist, so ist auch durch die Gerechtigkeit des Einen für alle Menschen die Rechtfertigung gekommen, die zum Leben führt“ (Röm 5,18). Das Evangelium wird weiterhin die Verkündigung eines Ereignisses sein, das die Gesamtheit der menschlichen Geschichte prägt.

Darum kann man sich nicht auf die Aussage beschränken, daß Gott „in seiner Vorsehung unangefochten herrscht und in der ganzen Geschichte seine Absichten in seiner Schöpfung verwirklicht“[9], als ob das Werk Jesu gänzlich irrelevant wäre für die Art, wie Gott seine Ziele für die Geschichte erreicht. Christus wurde erhöht zum Herrn. Er muß seine Königsherrschaft ausüben – er muß herrschen – bis alle seine Feinde, der Tod eingeschlossen, ihm unter die Füße gelegt sind. „Wenn aber alles ihm untertan sein wird, dann wird auch der Sohn selbst untertan sein dem, der ihm alles unterworfen hat, damit Gott sei alles in allem" (1 Kor 15,28).

Der Gott der Erlösung ist auch der Schöpfer und Richter der ganzen Menschheit, der Gott, der Gerechtigkeit und Versöhnung für alle will. Seine Ziele und Absichten für die Gemeinde können deshalb auch nicht von seinen Zielen und Absichten für die Welt getrennt werden. Die Gemeinde wird nur dann richtig verstanden, wenn sie als Zeichen von Gottes umfassender Herrschaft gesehen wird, als Erstling einer erlösten Menschheit. In der Gemeinde und durch die Gemeinde ist die ganze Welt schon jetzt in Vorwegnahme des Endes unter die Herrschaft Christi gestellt. Damit steht sie unter Gottes Verheißung eines neuen Himmels und einer neuen Erde unter der Herrschaft Gottes. Man kann das Neue Testament nicht lesen und immer noch versuchen, die Gemeinde losgelöst von Gottes Zielen für die Menschheit und die Geschichte zu deuten; denn erst von dort gewinnt sie ihre Bedeutung. Die Universalität des Evangeliums hat nicht zur Folge, daß alle Menschen teilhaben werden am Reich Gottes, sondern daß die Gemeinde das Reich zu verkündigen hat – an allen Orten und zu jedermann (vgl. Apg 1,8; 19,8; 28,23).

Die Erlösung der Kreatur ist nicht von der „Offenbarung der Kinder Gottes" zu trennen, ihre Befreiung ist unauflöslich verbunden mit der „herrlichen Freiheit der Kinder Gottes" (Röm 8,19.21). Mit anderen Worten: Aus der Sicht des Neuen Testamentes ist der Sinn der Weltgeschichte aufs engste verwoben mit der kosmischen Bedeutung der Gemeinde. Sie ist keineswegs eine Sekte, bestehend aus einigen Seelen, die aus dem chaotischen Meer der Weltgeschichte herausgerettet wurden. Sie ist die kosmische Gestaltwerdung der umfassenden Weisheit des Gottes, der alle Dinge geschaffen hat (Eph 3,9-10), und des „neuen Menschen", der dem Bild des zweiten Adam gleich ist (Eph 2,15; 4,13; 1 Kor 15,45), und der Erstlinge der neuen Menschheit (Jak 1,18).

Von der Herrschaft Gottes in ihrer Beziehung zur Welt zu sprechen, kann nicht heißen, nur die Vorsehung Gottes zu bezeugen. Es bedeutet vielmehr, von Jesus Christus, dem königlichen Mittler, zu sprechen, dessen Herrschaft in der Gemeinde, die seinen Namen bekennt, sichtbar gemacht ist (wenn auch noch nicht in ihrer Vollendung). Es heißt zu bestätigen, daß

Gott ein Ziel für die Geschichte anstrebt, das dem Auftrag der Gemeinde hier und heute Bedeutung und Richtung gibt. Gott ist dabei, seine Schöpfung zur Vollendung zu bringen. In der Kraft des Heiligen Geistes verkündet die Gemeinde Erlösung in Christus und setzt Zeichen der Herrschaft Gottes und stellt sich selbst voll in den Dienst des Herrn, wohl darum wissend, daß ihre Arbeit im Herrn nicht vergeblich ist (1 Kor 15,58).

5. Schlußfolgerungen

Aus dem bisherigen lassen sich folgende Schlüsse ziehen:

1. Evangelisation und soziale Verantwortung können nur angesichts der Tatsache, daß in Jesus Christus die Herrschaft Gottes in die Geschichte eingebrochen ist, richtig verstanden werden. Das Reich Gottes ist jetzt beides – eine gegenwärtige Wirklichkeit und eine zukunftsbezogene Hoffnung, ein „Schon jetzt" und ein „Noch nicht". Dementsprechend ist das Reich Gottes weder „der progressive soziale Fortschritt der Menschheit, bei dem der Kirche die Aufgabe zufällt, die Erde in den Himmel zu verwandeln, und zwar *jetzt*", noch „die gegenwärtige innere Herrschaft Gottes in der moralischen und spirituellen Neigung der Seele, verwurzelt im Herzen"[10]; sondern Reich Gottes ist seine rettende Kraft, die in die Geschichte hineinfließt, ist das Reich Gottes. Den Armen bringt sie gute Neuigkeiten, den Gefangenen Freiheit, den Blinden Augenlicht und den Unterdrückten Befreiung.

2. Evangelisation und soziale Verantwortung sind nicht zu trennen. Das Evangelium ist die gute Nachricht über die Herrschaft Gottes. Gute Werke sind die Zeichen der Herrschaft Gottes, auf die hin wir in Jesus Christus neu geschaffen wurden. Wort und Tat sind im Auftrag Jesu und aller seiner Apostel untrennbar vereint und wir dürfen beides nicht trennen, denn im Auftrag der Gemeinde wird der Auftrag Jesu fortgeführt bis ans Ende der Zeit. Das Reich Gottes ist nicht nur Gottes Herrschaft über die Welt durch Schöpfung und Vorsehung. Wäre dies der Fall, könnten wir nicht sagen, das Reich Gottes wäre in Jesus Christus angebrochen. Das Reich ist Ausdruck von Gottes unangefochtener Herrschaft über die Schöpfung. Sie wurde in Vorwegnahme des Endes in der Person Jesu und in seinem Wirken gegenwärtig. Sowohl die Verkündigung des Reiches als

auch die durch die Gemeinde sichtbar gewordenen Zeichen seiner Gegenwart werden durch die Kraft des Geistes genutzt.Er ist der Mittler der Eschatologie auf dem Weg zur Verwirklichung. Diese Zeichen deuten auf die gegenwärtige und die zukünftige Wirklichkeit des Reiches Gottes.

Das größte und tiefgehendste menschliche Bedürfnis ist eine persönliche Begegnung mit Jesus Christus, dem Mittler der Herrschaft Gottes. „Es ist über alle derselbe Herr, reich für alle, die ihn anrufen. Denn 'wer den Namen des Herrn anrufen wird, soll gerettet werden'" (Röm 10,12b.13). Aus dieser Sicht und nur aus dieser Sicht ist zu verstehen, daß „bei der Sendung der Gemeinde zum hingebungsvollen Dienst... Evangelisation an erster Stelle (steht)"[11] und das Evangelium mit großem Eifer verkündet werden muß. Aber das Evangelium ist die gute Nachricht vom Reich Gottes, und dieses Reich ist Gottes Herrschaft über die Gesamtheit allen Seins. Jede menschliche Not kann deshalb vom Geist Gottes als Brückenkopf für die Offenbarung seiner königlichen Macht benutzt werden. Deshalb ist in der Praxis die Frage nach der Reihenfolge von Evangelisation und sozialem Handeln irrelevant. In jeder konkreten Situation sind die Prioritäten des Handelns durch die jeweiligen Nöte gegeben.

Solange Evangelisation und soziale Verantwortung zum Kern missionarischen Handelns gehören, können wir nicht allgemeingültig festlegen, welches der beiden nun an erster Stelle zu stehen hätte. Wenn sie jedoch als nicht zum Kern gehörig verstanden werden, wird der Versuch, die Beziehung der beiden zueinander zu klären, eine nutzlose akademische Übung. Genauso nutzlos wie der Versuch, herauszufinden, in welcher Beziehung der linke Flügel eines Flugzeugs zum rechten steht, wenn man annimmt, daß die Maschine mit einem Flügel fliegen kann. Wer wollte leugnen, daß die Frage durch das Fliegen selbst schneller und nachhaltiger beantwortet wird als durch bloße theoretische Debatten darüber?

3. Nach dem Willen Gottes ist die Gemeinde gerufen, die Herrschaft Gottes hier und heute deutlich und offenkundig zu machen in ihrem Sein und in ihrer Verkündigung. Denn das Reich Gottes ist schon gekommen und wird noch kommen; „zwischen den Zeiten" ist die Gemeinde beides: eine geschichtliche und eine eschatologische Wirklichkeit. Wenn sich das Reich Gottes nicht in seiner ganzen Fülle offenbart, so liegt das

nicht daran, daß Gottes kraftvolle Herrschaft in die Gegenwart hereingebrochen wäre „ohne die Autorität oder Kraft, diese Zeit in den kommenden Äon zu verwandeln",[12] sondern daran, daß die Zeit der Vollendung noch nicht gekommen ist. Die Kraft, die in seiner Gemeinde wirkt, ist Gottes machtvolle Stärke, „mit der er in Christus gewirkt hat. Durch sie hat er ihn von den Toten auferweckt und eingesetzt zu seiner Rechten im Himmel über alle Reiche, Gewalt, Macht, Herrschaft und alles, was sonst einen Namen hat, nicht allein in dieser Welt, sondern auch in der zukünftigen" (Eph 1,20f). Der Auftrag der Gemeinde ist das Offenbarmachen dieser Kraft in der Geschichte durch Wort und Tat, kraft des Heiligen Geistes.

4. Durch seinen Tod und seine Auferstehung wurde Jesus Christus zum Herrn des Universums. Die ganze Welt wurde unter seine Herrschaft gestellt. Die Gemeinde lebt schon jetzt diese Bestimmung der ganzen Menschheit. Jetzt, zwischen den Zeiten, wird deshalb die Kirche gerufen – als Gemeinschaft derer, die bekennen, daß Jesus der Herr ist, und die durch ihn Gott anerkennen als „den Schöpfer und Richter der Menschen" – sie wird gerufen, „seine Sorge um Gerechtigkeit und Versöhnung in der ganzen menschlichen Gesellschaft (zu) teilen. Sie zielt auf die Befreiung der Menschen von jeder Art von Unterdrückung".[13] Hingabe an Jesus Christus heißt, sich dem Herrn des Universums zu verpflichten, dem König, dem sich aller Knie beugen werden. Aber die Vollendung seiner Herrschaft ist Gottes Werk. Wolfhard Pannenberg schreibt: „Das Reich Gottes wird nicht von Menschen geschaffen. Es ist ganz ausdrücklich *Gottes* Reich... Der Mensch wird nicht erhöht, sondern erniedrigt – degradiert, wenn er der Illusion seiner eigenen Kraft anheimfällt."[14]

IV. Partnerschaft in der Mission

Jede Untersuchung über die Ausbreitung der christlichen Botschaft im zwanzigsten Jahrhundert wird drei historischen Tatsachen Rechnung zu tragen haben, die von besonderer Bedeutung sind. Zum ersten hatte die moderne Missionsbewegung zu einer Zeit ihren Ausgangspunkt im Christentum des Westens, in der der Westen zu einer politischen, wirtschaftlichen und kulturellen Macht infolge der industriellen Revolution geworden war, die aus der wissenschaftlichen und technischen Entwicklung entstanden war. Zweitens hatten die Missionare nicht nur das Evangelium, sondern auch die für den weißen Mann typischen Wertvorstellungen und Zielsetzungen gepredigt, die mit der Moderne verknüpft waren. (Dazu gehörte auch die naturalistische Weltanschauung.) Schließlich hatte die missionarische Arbeit zur Zerstörung der Ordnungen in den traditionellen nichtwestlichen Gesellschaften beigetragen, das Verlangen nach Entwicklung wachgerufen und so eine „revolutionäre Situation" geschaffen.

Von diesen Fakten muß man ausgehen, wenn man verstehen will, welche Rolle die christliche Mission in dem modernen Streben nach nationaler Befreiung spielt und welche Herausforderung in der modernen revolutionären Stimmung für die Kirche von heute liegt. Im letzten Kapitel seines grandiosen Geschichtswerks *Christianity in a Revolutionary Age* wirft Kenneth S. Latourette die Frage auf, ob die Christenheit nicht gegen sich arbeitet, wenn sie die Kräfte, die eine revolutionäre Situation schaffen, selbst hervorbringt (oder zumindest dazu beiträgt). „Falls die Revolution in irgendeiner Weise ihre Wurzeln in der christlichen Botschaft hat", meint er, „dann kann man von der Religion sagen, daß sie sich ihr eigenes Grab schaufelt." Die Kirche heute hat die Aufgabe, sich zu den Forderungen eines Zeitalters der Befreiung zu bekennen, das ihr missionarisches Wirken selbst mit verursacht hat. In diesem Referat möchte ich begründen, weshalb die grundlegende Forderung darin liegt, diese Aufgabe global anzupacken. Diese Aufgabe kann nur dann bewältigt werden, wenn Christen überall in der Welt ganz konkret in eine lebendige Partnerschaft innerhalb der Mission hineingenommen werden. Im ersten Teil möchte ich versuchen, den Gegensatz zwischen dieser Konzeption und anderen zu zeigen; im zweiten Teil werde ich mich mit ihren Grundlagen befassen und im dritten Teil möchte ich Möglichkeiten sondieren, wie sich diese Vorstellungen heute verwirklichen lassen.

1. Auf dem Wege zu einem neuen Missionsverständnis

Die erste Weltmissionskonferenz, die im Jahre 1910 in Edinburgh stattfand, kündigte an, welche Situation die Kirche im zwanzigsten Jahrhundert zu erwarten hat. Die Konferenz fand zu einem Zeitpunkt statt, als sich Kräfte formierten, die die christliche Kirche in Westeuropa, auf dem Kontinent, von dem sie ausgegangen war, mit Vernichtung bedrohten. Das ganze neunzehnte Jahrhundert hindurch brachte die Entwicklung von Wissenschaft und Technik, gefolgt von Industrialisierung, Verstädterung und dem Zerbrechen traditioneller Gesellschaftsformen eine Revolution hervor, die mit einer zunehmenden Säkularisierung des Lebens und mit der Preisgabe des Glaubens von Millionen europäischer Christen Hand in Hand ging. Edinburgh kennzeichnete das Ende einer Epoche und wies zugleich in ein neues Zeitalter, in dem die weltweite christliche Bewegung, die in der missionarischen Arbeit Gestalt gewonnen hat, zu sich selbst finden sollte. Edinburgh zeigte an, daß die christliche Kirche ihr angestammtes Herkunftsland verlassen und sich in einer sogenannten nach-christlichen Ära in die Welt außerhalb Europas verlagern wird.

Von den mehr als 1200 Teilnehmern an der Konferenz von Edinburgh kamen nur 17 aus den „jüngeren Kirchen" (acht aus Indien, einer aus Burma, drei aus China, einer aus Korea und vier aus Japan). Obgleich die Kirche zum damaligen Zeitpunkt zu einer weltweiten Gemeinschaft geworden war, war sie von einem kirchlichen Kolonialismus geprägt, der mit dem politischen Kolonialismus jener Zeit einherging. Nach den

Empfehlungen des Organisationskomitees entsandte jede eingeladene und teilnehmende Missionsgesellschaft (denn die Delegierten repräsentierten weniger Kirchen als Missionsgesellschaften) einige ihrer „führenden Missionare“ und, „soweit möglich, einen oder zwei Einheimische“.

Die Konferenz von Edinburgh war Zeichen der wachsenden missionarischen Arbeit unter den Christen in Westeuropa und in den Vereinigten Staaten sowie des beachtlichen Einflusses der „Student Volunteer“, der Freiwilligen Studentenbewegung. Ihre Aufgabenstellung, die sich in dem Schlagwort „Evangelisation der Welt in dieser Generation“ zusammenfassen läßt, hat einer eindrucksvollen Zahl von Studenten dazu verholfen, ihre Verantwortung für die Weltmission zu erkennen. Sie machte aber auch ein Problem sichtbar, das noch viele Jahre danach zumindest für einen großen Teil der missionarischen Bewegung bis heute ungelöst ist, nämlich den starken Widerstand der Missionsgesellschaften gegen die Verwirklichung des Zieles, einheimische Kirchen zu schaffen mit „Selbstverwaltung, Selbsterhaltung und Selbstverbreitung“, wie Henry Venn es nannte.

Aus der Edinburgher Konferenz entwickelten sich zwei Bewegungen, die letztlich zur Schaffung des Ökumenischen Rates der Kirchen (ÖRK) im Jahre 1948 führten, nämlich „Praktisches Christentum“ und „Glaube und Kirchenverfassung“. An der ersten Konferenz der Bewegung für „Praktisches Christentum“ (Stockholm 1925) nahmen trotz des Anspruchs, eine „weltweite christliche Konferenz“ zu sein, nur sechs „Nationale“, d.h. Einheimische, teil, die die „jungen Kirchen“ repräsentierten. Die „Weltkonferenz“, bei der „Glaube und Kirchenverfassung“ ins Leben gerufen wurde (Lausanne 1927), war gleichermaßen eine Versammlung von Vertretern des Westens; nur wenige Teilnehmer kamen nicht aus dem Westen. Die Vorherrschaft der Anglo-Amerikaner wurde zu einem ständigen Charakteristikum „ökumenischer“ Zusammenkünfte bis zur Mitte dieses Jahrhunderts. In der Tat kennzeichnete die Weltmissionskonferenz einen Anfang; doch vor den „aussendenden Kirchen“ lag noch eine beschwerliche Wegstrecke, ehe sie den übernationalen Charakter der Kirchen anerkannten.

Die „Gleichheit“ zwischen den älteren und jüngeren Kirchen wurde ihnen wie nie zuvor bei der 2. Weltmissionskonferenz in Jerusalem im Jahre 1928 bewußt. Bei der darauf folgenden Weltmissionskonferenz (Madras, 1938) fand die Entstehung einer weltweiten christlichen Gemeinschaft ihren Ausdruck in der Teilnahme von Delegierten aus nahezu fünfzig Ländern, von denen viele aus Gebieten außerhalb des Westens kamen. Madras hielt auch fest an dem engen Zusammenhang von Indigenisierung ('Einheimischmachung') und Mission. Doch erst bei der erweiterten Tagung des Internationalen Missionsrates in Whitby (Kanada) im Jahre 1947 wurde die Kirche in einzigartiger Weise mit der Notwendigkeit konfrontiert, die Unterscheidung zwischen „älteren und jüngeren Kirchen" aufzugeben und Verantwortung auf weltweiter Ebene zu übernehmen. Der Schwerpunkt der Konferenz von Whitby lag auf dem Verständnis der Missionare als „Dienern der universalen Kirche". Ihr Auftrag wurde dem der einheimischen Amtsbrüder gleichgestellt und war damit ein Charakteristikum dieses missionarischen Denkens.

Partner im Gehorsam

Heutzutage werden nur wenige der Aussage A.J. Boyds widersprechen, daß „ältere und jüngere Kirchen von nun an nicht mehr als Wohltäter und Nutznießer oder gar als Absender und Empfänger verstanden werden können, sondern Partner sind, nicht nur im vertragsrechtlichen Sinne, sondern als von Gott in dieses Verhältnis zueinander eingesetzt. Sie kommen nach Gottes Willen zusammen, um nach Gottes Willen zu handeln; sie sind *Partner im Gehorsam*".[1]

Im Grunde genommen ist der Aufruf von Whitby zur „Partnerschaft im Gehorsam" heute noch ebenso gültig wie damals, als er zum ersten Mal erging.

Viele der von dieser Konferenz ausgesprochenen Empfehlungen sind von einigen Missionswerken, die (dreißig Jahre danach!) noch immer an ihrer Tradition festhalten, bis heute nicht erfüllt worden. Davon zeugt die wachsende Anzahl amerikanischer protestantischer Missionsstationen, die nach dem II. Weltkrieg fast vollständig abhängig von amerikanischen Mitarbeitern, Führungskräften und finanziellen Mitteln waren, und die fortdauernde Unterscheidung zwischen „äußerer Mission" und „Ortskirchen" überall in der Welt. In vielen Fällen wird Mission weiterhin aus einer Position politischer und wirtschaftlicher Macht heraus und mit dem Anspruch westlicher Überlegenheit in Kultur und Rasse betrieben. Viele christliche Kirchen, Einrichtungen und Bewegungen in der Dritten Welt haben weiterhin einen „kolonialen“ Status und sind in starkem Maße von Mitarbeitern aus dem Ausland abhängig und ausländischer Aufsicht unterstellt. Trotz der Fortschritte auf dem Weg zu wahrer Unabhängigkeit sind die Christen in den „Entwicklungsländern“ weiterhin einer Situation verhaftet, in der die Macht des Wirtschafts- und Kulturimperialismus kaum gebrochen ist, wenn sich auch sein äußeres Erscheinungsbild gewandelt hat. Andererseits besteht in den „jüngeren Kirchen“ die Mentalität kolonialer Abhängigkeit in so starkem Maße fort, daß sich John Mbiti berechtigt fühlt zu sagen: „Die Kirche in Afrika ist stark missionarisch nur in dem Sinn, daß sie Missionare aufnimmt und von ihnen abhängig ist.“

Die missionarische Bewegung hat außerordentlich zögernd die Bedeutung echter Partnerschaft im Gehorsam erkannt und unter den „jüngeren Kirchen“ einer Haltung Vorschub geleistet, die nur unter großen Schwierigkeiten zu ändern sein wird. Infolgedessen wird das Christentum auch nach dem „Rückzug des Westens“ aus der Dritten Welt noch immer als westliche Religion angesehen, und der christlichen Mission wird im allgemeinen noch immer ein „weißes Gesicht“ aufgesetzt. Was Emilio Castro über Lateinamerika schrieb, gilt im gleichen Maße für Asien und Afrika: „Das brennendste Problem der protestantischen Kirchen wird in der 'Einbürgerung' der Kirche bestehen, mit allen dazugehörigen kirchlichen Auseinandersetzungen mit den Missionsgesellschaften, insbesondere denen in den Vereinigten Staaten.“

Die große Zurückhaltung der Missionsgesellschaften, den Ruf zur Partnerschaft auch in der nachkolonialen Situation zu vernehmen, erklärt hinreichend die „Forderung nach einem Moratorium“, die von der Kommission für Weltmission und Evangelisation (CWME) des ÖRK auf ihrer Vollversammlung in Bangkok im Jahre 1973 erhoben worden ist. Es wurde die Empfehlung ausgesprochen, die Missionsgesellschaften mögen in Erwägung ziehen, die Zuwendung finanzieller Mittel und die Aussendung von Mitarbeitern für bestimmte Kirchen eine Zeitlang einzustellen. Dies sei eine „mögliche Strategie für die Mission in bestimmten Situationen“. Die sich daran anschließende Diskussion zeichnete sich mehr durch Emotionen als durch Einsicht aus. Die Allafrikanische Kirchenkonferenz fachte das Feuer noch an, als sie das „Moratorium“ bei ihrer Tagung in Lusaka im Mai 1974 mit der Bemerkung annahm: „Wenn das

Moratorium bewirke, daß Missionsgesellschaften dadurch zugrunde gehen, so hätten die afrikanischen Kirchen dem Volk Gottes in der nördlichen Hemisphäre vielleicht dadurch einen Dienst geleistet, daß sie sie von einem entstellten Verständnis des Auftrages der Kirche in der Welt erlöst hätten."

Andererseits erbrachte der „Weltkongress für Weltevangelisation" in Lausanne im August 1974 die Einsicht, daß „es bisweilen notwendig sein kann, Missionare und Geld aus dem Ausland zu reduzieren, um den Gemeinden im Land die Möglichkeit zum selbständigen Wachstum zu geben und um Hilfen für Gebiete, die das Evangelium noch nicht gehört haben, freizusetzen".[2] Nach dem Kongreß in Lausanne, bei dem einige kritische Stimmen vor allen Dingen aus der Dritten Welt laut wurden, zeigte sich immer deutlicher, daß auch die meisten traditionellen Missionsgesellschaften sich der Frage weltweiter Partnerschaft in der Mission nicht mehr entziehen können. Die Überzeugung, die ihren Niederschlag in der Lausanner Verpflichtung fand, daß „ein neues missionarisches Zeitalter anbreche, die Partnerschaft unter den Kirchen wachse und die Universalität der Kirche Christi immer deutlicher zutage trete", wird allmählich an Boden gewinnen.

Ende 1976 traf eine Gruppe leitender Mitarbeiter des nordamerikanischen Verbandes der Äußeren Mission und des Internationalen Verbandes der Äußeren Mission (denen gemeinsam zwei Drittel aller protestantischen Missionare in Lateinamerika unterstellt sind) in Quito (Ecuador) mit Vertretern der Kirche in Lateinamerika zu einer *Konsultation über Kirche und Mission* zusammen. Die freimütige Aussprache über so schmerzliche Realitäten wie „die Krise der Ekklesiologie, das Phänomen der Abhängigkeit und das allzu häufige Fehlschlagen der Bemühungen um brüderliche Interdependenz", die die Tagung auszeichnete, ist ein hoffnungsvolles Zeichen für einen allmählich um sich greifenden Wandel in den Beziehungen zwischen den „jüngeren Kirchen" und den Missionsgesellschaften. Und dieser Prozeß läßt sich nicht wieder rückgängig machen.

2. Grundlagen der Partnerschaft

Alle Kirchen, gleichgültig an welchem Ort, sollten sich als Partner in der Mission verstehen. Warum? In aller Kürze: Weil es nur *eine* Welt, *eine* Kirche, *ein* Evangelium gibt. Diese These wollen wir im einzelnen untersuchen.

Eine Welt

Eines der hervorstechendsten Merkmale unserer heutigen Welt ist ihr Vereinheitlichungsprozeß. Alle Völker der Erde sind bereits oder werden gerade in so starkem Maße zu einer einheitlichen Zivilisation zusammengeführt, daß es erstmals möglich ist, von einer einzigen Weltgeschichte zu sprechen. Die Zeiten, da die Welt als ein Mosaik in sich geschlossener nationaler Einheiten angesehen werden konnte, sind vorüber. Wie die Ölkrise im Jahre 1974 zeigte, kann kein Land Politik mit seinen nationalen wirtschaftlichen Hilfsquellen betreiben, ohne einen umfassenden Prozeß in Gang zu setzen, von dem viele Staaten betroffen werden. Selbst verhältnismäßig unwichtige Entscheidungen der Regierung eines Staates können unabsehbare Veränderungen herbeiführen und auf das Leben von Millionen Menschen in anderen Ländern einwirken.

Im Jet-Zeitalter gibt es vielfache Beziehungen zwischen den Menschen verschiedenartigster Kulturen; sie haben ein solches Ausmaß angenommen, wie es sich niemand, der Ende des 19. Jahrhunderts lebte, hätte vorstellen können. Tausende von Studenten, Geschäftsleuten, Technikern und Regierungsbeamten leben jahrelang im Ausland und kehren mit einer neuen Fähigkeit zum Verständnis der Menschen anderer Kulturen zurück. Rundfunk und Fernsehen geben den Menschen überall das Gefühl, zusammenzuleben.

Der Vereinheitlichungsprozeß, der in der Welt vor sich geht, reicht indessen noch viel weiter, als diese Faktoren auf den ersten Blick vermuten lassen. Er umfaßt auch die weltweite Ausbreitung einer Gesinnung, die sich infolge der technischen Revolution im Westen herausgebildet hat, des „Konsumdenkens". Es steht im Zusammenhang mit der Übernahme allgemeiner Wertordnungen, auf deren Grundlage Industrieerzeugnisse (von denen viele unnötig sind) in wirtschaftlich entwickelten wie in Entwicklungsländern höchste Bedeutung erlangen. Im Grunde genommen ist diese Denkweise eine unmittelbare Folge westlicher Wissenschaft und Technik. Die Weltzivilisation, in die alle Staaten der Erde hineingezogen werden, ist eine Konsumgesellschaft, die in starkem Maße vom Wohlstand des Westens abhängig ist und auf den Schwingen internationaler

Konzerne getragen wird, die die Massenmedien machtvoll unter Kontrolle haben.

Nachdem erst einmal der *homo consumens* als Modell idealen Lebens geschaffen war, verbreitete sich überall ein säkularer Messianismus, in dem sich der Glaube an Wissenschaft und Technik mit dem Fortschrittsgedanken vereinte, um eine neue Weltordnung, eine säkularisierte Version des Reiches Gottes, zu verheißen.

Das beredteste Symbol dieser einheitlichen Weltzivilisation ist die City, die Großstadt. Industrialisierung und Urbanisierung sind verwandte Begriffe. Sie können als verschiedene Aspekte ein und desselben Phänomens, nämlich der Verwestlichung der Welt, der „Modernisierung" des Lebens an jedem Ort, angesehen werden. Der Mensch ist in einem Maße zum Großstädter geworden, daß im Jahr 2000 sechs von zehn Menschen in urbanen Räumen leben werden. Noch wesentlicher ist, daß nach den Untersuchungen von Jacques Ellul bereits heute „das Land (und das wird auch schon bald für die unermeßlichen Steppen Asiens gelten) nur noch ein Anhängsel der Großstadt ist"[3]. Urbanes Wachstum geht Hand in Hand mit der Industrialisierung und damit auch mit der Ausbreitung des Konsumdenkens rund um den ganzen Erdball.

Kaum jemand in der Dritten Welt dürfte sich der Anerkennung der Überlegenheit westlicher Technik verschließen, die das Fundament der derzeitigen Weltsituation ist. Nahezu jeder wird indessen zugestehen, daß westliche Technik von nun an nicht mehr ausschließlich Sache des Westens ist, sondern daß die ganze Menschheit an ihr teilhaben muß. Umstritten ist indessen, ob die Technik ohne christliche Prämissen überhaupt möglich wäre. Außer Zweifel steht jedoch, daß die Technik aufgrund ihrer Bindung an eine politisch mächtige und wirtschaftlich reiche Minderheit weit davon entfernt ist, „den Enterbten der Erde" zu dienen.

Die Industrialisierung in der Dritten Welt vollzieht sich auf dem Weg direkter Übernahme aus dem Westen einschließlich westlicher technischer Normen und westlicher Vorstellungen von Kapital und Arbeitsbedingungen. Ihre Anwendung auf unterentwickelte Länder führte zur Herausbildung einer kleinen reichen Minderheit, die von dem besessen ist, was José de Castro zutreffend als Prestigekonsum, als *„ostantatious consumerism"* umschrieben hat, und einer großen verelendeten

Mehrheit, für die die verheißene neue Weltordnung in ferne Zukunft schwindet.

Schließlich hat die Technik eine von westlichem Materialismus beherrschte Weltzivilisation hervorgebracht, die das Idealbild der Errichtung einer neuen Weltordnung mit einem höheren Lebensstandard für alle eint, die jedoch noch völlig unfähig ist, der schreienden Ungleichheit zwischen Armen und Reichen Herr zu werden. Verpflanzt in die unterentwickelten Länder Asiens, Afrikas und Lateinamerikas gelangt das Konsumdenken mit all seinen Wertvorstellungen, Wunschbildern, Begierden und Normen in solchen Gesellschaften zur Blüte, in denen arm und reich gleichermaßen „materiellen Dingen“ absolute Wertschätzung beimessen, in denen aber auch die Reichen immer reicher und die Armen immer ärmer werden. Die westliche Lebenshaltung, die sich kurz mit dem Motto: „Wir glauben an die Technik“ umreißen läßt, hat sich in einem ungerechten Weltsystem verkörpert, in dem Güter und Dienstleistungen nicht nach Bedürftigkeit, sondern nach Reichtum verteilt werden.

Die allgemeine Anerkennung der Wertvorstellung der Konsumgesellschaft und die Ungerechtigkeit, die das System kennzeichnet, das die westliche Technik hervorgebracht hat, bilden zusammen den Kontext christlicher Mission heute. Für Menschen in aller Welt stellen sich Fragen nach der eigentlichen Bestimmung des Menschen und der Notwendigkeit einer Weltgemeinschaft, in der die auf wissenschaftlicher Erkenntnis beruhende Technik nicht länger ein Mittel zur Ausbeutung des Menschen ist und zu einem Instrument des Dienstes an allen wird. Dies stellt eine neue Situation dar, in der die älteren und die jüngeren Kirchen einander nur als Partner in der Mission gegenübertreten können. Die einheitliche Weltzivilisation, in die die Völker der Erde hineingeführt werden, verlangt nach einer Aufhebung der alten Unterscheidung zwischen dem „Heimatstützpunkt“ und „draußen“. Die ganze Welt, diese Konsumgesellschaft mit ihrem „Evangelium“ des Fortschritts, das den Erdball umkreist, ist Missionsfeld. Jede christliche Gemeinde, wo auch immer sie sein mag, hat ihr Missionsfeld vor der eigenen Haustür und an den Enden der Welt.

Eine Kirche

Es ist eine geschichtliche Tatsache, daß die moderne Missionsbewegung in ihren Anfängen in starkem Maße auf die

Initiative einzelner angewiesen war. Die Kirchen insgesamt standen dem missionarischen Unternehmen gleichgültig, manchmal sogar feindselig gegenüber. So entstanden Missionsgesellschaften als von den Kirchen völlig unabhängige Organisationen. Im Laufe der Zeit fanden immerhin viele Kirchen den Mut, Missionare zu „unterstützen", die „Missionen" blieben aber etwas völlig anderes als „Kirchen". Infolgedessen wird das Engagement für die Mission von den meisten Christen in aller Welt einem kleinen Kreis von Begeisterten zugeschrieben; von der Kirche insgesamt wird nichts erwartet. Jetzt, da das Christentum weltweit geworden ist, läßt sich kaum ein größeres Mißverständnis über die christliche Mission denken, als das allgemein verbreitete, daß Weltmission ausschließlich Aufgabe der „aussendenden Kirchen" im Westen sei, zu der die „empfangenden Kirchen" sehr wenig oder gar nichts beizutragen hätten.

Der große Kirchenhistoriker Kenneth S. Latourette sah im I. Weltkrieg den Anfang einer neuen Phase des revolutionären Zeitalters und der Geschichte des Christentums. Auf dem Gipfel seiner Weltmachtstellung begann für Westeuropa nach 1914 der Niedergang, der mit der Unabhängigkeit aller seiner Kolonien seinen Tiefpunkt fand. Gleichzeitig beschleunigte sich der Säkularisierungsprozeß, der während des 19. Jahrhunderts an Boden gewonnen hatte, so sehr, daß es zweifelhaft wurde, ob das Christentum unter dem Teil der Menschheit überleben würde, der von alters her mit Christenheit gleichgesetzt wurde.

Es ist ein Paradoxon, daß die Kirchen, insbesondere die protestantischen Kirchen in den nicht-westlichen Ländern um 1914 eine unerwartete Belebung erfuhren, während die Christen noch eine ganz kleine Minderheit bildeten. Vor allem nach dem II. Weltkrieg wuchs die Kirche außerhalb Europas so eindrucksvoll, daß man ohne Übertreibung behaupten kann, es habe sich nie zuvor in der Geschichte eine Religion so weit und so schnell verbreitet wie das Christentum in den letzten Jahrzehnten. Diese weltweite christliche Bewegung, die vor allem unter den Massen in der nicht-westlichen Welt um sich greift, ist das große Novum unseres Jahrhunderts.

Es ist von großer Bedeutung, daß sich das überaus starke Wachstum der Kirche in diesem Jahrhundert gerade unter den Naturreligionen angehörenden Völkern und unter den Entrechteten in Asien und Afrika wie auch in den Großstädten in Lateinamerika ereignet. Daß das Evangelium die „einfachen (oder fast primitiven) Menschen, die unteren Einkommensgruppen in den Großstädten, diejenigen, die aus den ländlichen Gebieten in die Großstädte abwandern mußten, ansprechen sollte, dürfte niemanden verwundern, der mit den Zeugnissen aus der Vergangenheit der christlichen Kirche vertraut ist! Man kann sich jedoch kaum des Verdachts erwehren, daß in unserer Zeit die Hinwendung der Massen in der Dritten Welt zum christlichen Glauben (wie übrigens auch zu anderen blühenden religiösen Bewegungen) zum einen die Folge des Zusammenpralls westlicher Zivilisation mit traditionellen Gesellschaften und zum anderen eine Reaktion genau darauf ist.

Die Umwälzungen, die der Vormarsch des Westens und sein Säkularismus im Wertsystem und in der Lebensweise von Millionen Menschen im übrigen Teil der Welt hervorgerufen haben, können kaum überbewertet werden. Viele Menschen haben sich der Religion zugewandt, um diese Umwälzungen bewältigen zu können; jedoch nicht in erster Linie zum verwestlichten Christentum, dem noch die Kolonialzeit anhaftet, sondern auch zu wiederaufstrebenden alten Religionen (die gelegentlich von nationalistischen politischen Führern protegiert werden, die sie dazu benutzen, eine neue nationale Identität zu schaffen) oder zu „einheimischen" Spielarten des Christentums (gelegentlich mit stark nationalistischen Zügen und unter Duldung althergebrachter Vorstellungen und Gebräuche), die Aspekte menschlichen Lebens gelten lassen, die in den westlichen Kirchen ausgespart worden sind. In Afrika sollen beispielsweise unabhängige Kirchen jährlich 40 000 bis 45 000 Menschen aus den traditionellen Kirchen, der römisch-katholischen Kirche und den protestantischen Kirchen, aufnehmen; in Lateinamerika ist die Pfingstbewegung, die einzige christliche Bewegung auf diesem Kontinent mit wahrhaft einheimischen Wurzeln, nach Ansicht von Beobachtern am wenigsten auf personelle und finanzielle Unterstützung aus dem Ausland angewiesen.

Wenn am Überleben des Christentums in der Dritten Welt nicht zu zweifeln ist, so sind doch die Überlebenschancen der von westlichen Missionaren gegründeten und von westlicher Kultur geprägten Kirchen sicherlich bedroht. Alle Kirchen in der Dritten Welt teilen miteinander das Problem des „übermäßigen Denominationalismus". Allein in Afrika bilden sich jährlich hundert neue „unabhängige" Gruppen. Eine entsprechende

Tendenz zeigt sich auch in Asien und Lateinamerika, wo denominationelle Bindungen eines der Haupthindernisse für die Mission sind. Wenn man bedenkt, daß im Jahre 1900 in China 61 Missionsgesellschaften tätig waren und sich zwischen 1900 und 1913 diese Zahl noch auf 92 erhöhte, wird deutlich, daß die Geschichte der Kirchen in der Dritten Welt von Anfang an von importierten Zersplitterungen und Spaltungen geprägt war. Im Laufe der Zeit haben die jüngeren Kirchen ihrerseits neue Zersplitterungen geschaffen, für die selbstherrliche Führer verantwortlich sind, denen wenig oder gar nichts an der Einheit des Leibes Christi liegt.

Trotz aller Probleme ist nicht an der Tatsache zu rütteln, daß die christliche Kirche heute eine weltweite Bewegung ist. Stephen Neill hat es folgendermaßen formuliert: „Nur das Christentum wurde auf jedem Kontinent und in fast jedem Land heimisch. In einigen Gebieten mag seine Stellung gefährdet sein und die Zahl seiner Anhänger gering. Aber in einem Land nach dem anderen stellt sich die christliche Kirche als eine kraftvolle Minorität dar, die in wachsendem Maße Wurzeln schlägt, nicht als ausländischer Import, sondern als die Kirche der Länder, in denen sie lebt."[4]

Angesichts dieser Sachlage kann christliche Mission von nun an nicht mehr als Aufgabe westlicher Missionen und Spezialisten angesehen werden. Träger des Evangeliums ist nicht der Teil der Kirche, der zufällig im wohlhabenden Westen liegt, sondern die ganze Kirche. Wenn die Kirche ihrem Wesen nach missionarisch ist, liegt der „Heimatstützpunkt" der christlichen Mission nunmehr, da die Kirche ein weltweites Phänomen ist, überall. Es stellt sich die Frage, wie die ganze Kirche so an der christlichen Weltmission mitwirken kann, daß jedermann an jedem Ort die Ortskirche als wahrhaften Ausdruck gemeinschaftlichen christlichen Lebens, als lebendige Gemeinschaft, anerkennen kann, in der alle Schranken, die die Menschheit spalten, überwunden sind. Wie kann die Einheit der weltweiten Kirche konkreten Ausdruck finden, wie kann das Kräftereservoir der älteren und jüngeren Kirchen um des Evangeliums willen aufeinander abgestimmt und vereint werden?

Partnerschaft in der Mission ist kein besonderes Privileg, das die älteren Kirchen den jüngeren gewähren oder versagen; sie ist wesentlicher Ausdruck der geistlichen Gleichheit unter allen Christen am Leibe Christi. Wenn (wie Emil Brunner sagte) die

Kirche durch die Mission lebt wie das Feuer vom Brennen, und wenn die Kirche *eins* in Christus ist, dann folgt daraus, daß Partnerschaft zwischen älteren und jüngeren Kirchen eine Grundvoraussetzung für die Mission ist. Christliche Mission kann nichts anderes sein als Mission der ganzen Kirche für die ganze Welt.

Ein Evangelium

Die christliche Mission hat ihre Wurzeln in Gottes Handeln durch Jesus Christus. Im eigentlichen Sinne ist sie die Fortführung dieses Handelns, die Fortführung des Heilsplanes Christi für die ganze Menschheit. Jesus Christus ist das Mensch gewordene Wort Gottes, das Wort, „das Fleisch ward und wohnte unter uns, voller Gnade und Wahrheit", die Mitte des Evangeliums. Das Evangelium handelt von einer neuen Wirklichkeit, die in der Welt angebrochen ist durch die Person und das Wirken Jesu Christi, des Gott-Menschen. Es ist die Botschaft vom Anbruch eines neuen Zeitalters, in dem Gottes alttestamentliche Verheißungen erfüllt werden und sein Heiliger Geist über den Menschen ausgegossen wird.

Gottes Geist ist Ursache und Quelle für die Ausbreitung des Evangeliums, und die Geschichte der Missionswerke ist in gewisser Weise die Geschichte des Weges, den er sein Volk geführt hat, um das Evangelium und damit die neue Wirklichkeit bis an der Welt Enden zu tragen. Die missionarische Expansion der Kirche ist nur vor dem Hintergrund des Planes Gottes zu verstehen, nach dem alle Völker der Erde in diese neue Wirklichkeit geführt werden sollen; das ist der Auftrag, für den die Jünger Jesu Christi durch den Geist bevollmächtigt worden sind. Christliche Mission ist ihrem Wesen nach „Jesu Mission", die die Kirche unter dem Wirken des Heiligen Geistes fortsetzt. Sie ist der Weg, auf dem alle Völker vor die Wahl gestellt werden, den Plan, für den Gott alle Dinge schuf und der in Jesus Christus offenbart wurde, anzunehmen oder abzulehnen. Lesslie Newbigin hat es so formuliert: „Demgemäß ist die christliche Mission der Schlüssel zur Weltgeschichte, nicht in dem Sinn, als befände sie sich auf der Seite der Sieger im Kampf gegen die anderen Mächte der Menschheitsgeschichte, aber in dem Sinn, daß sie der Ort ist, an dem die Bedeutung der Weltgeschichte verstanden wird und an dem die Menschen aufgefordert werden, zu dieser Bedeutung eine endgültige Stellung zu nehmen... Christen durchleben die geschichtlichen Kämpfe nicht als Herrenrasse. Sie durchleben sie als das dienende Volk im Aufblick zu dem Vater, der allein der Herr der Geschichte ist; sie erkennen seine Verfügungen in den Ereignissen als das Feld ihres Gehorsams an und vertrauen auf die Führung durch seinen Geist. Sie gehen durch die Geschichte als das Volk des Zeugnisses, in dem der Heilige Geist gegenwärtig ist und über den wahren Sinn der Ereignisse in der Welt Zeugnis ablegt, so daß die Menschen – *in bezug auf diese Ereignisse* – gezwungen werden, sich für oder gegen Gott zu entscheiden."[5]

Die Weltzivilisation, die durch die Ausbreitung der Technik entstanden ist, muß im Lichte der neuen Wirklichkeit verstanden werden, die in Jesus Christus angebrochen ist. Die neue Wirklichkeit schließt die Offenbarung der eigentlichen Bestimmung des Menschen ein, die Offenbarung eines Absolutums, im Verhältnis zu dem alles andere zweitrangig wird. Als Werkzeug, durch das Jesu Amt durch die Jahrhunderte weitergeführt wird, treibt die christliche Mission auf eine Entscheidung zu; die Menschen, wo auch immer sie sein mögen, müssen wählen zwischen dem Evangelium des Reiches Gottes und dem „Evangelium" des Fortschritts, zwischen der neuen Wirklichkeit und „dieser Welt", die vergänglich ist, zwischen Gott und dem Mammon. Das Ende des westlichen Kolonialismus hat die Kirche an einen Ort geführt, an dem sich die eigentlichen Fragen der christlichen Mission in ihrem wahren Licht zeigen. Von nun an kann man nicht mehr davon ausgehen, daß die Menschen in der Dritten Welt das Christentum annehmen, weil es mit der politischen, wirtschaftlichen und kulturellen Macht des Westens verknüpft ist. Im Gegenteil. Viele werden in dieser Verknüpfung einen Stein des Anstoßes sehen. Folglich muß christliche Mission heute aus einer Position der Schwäche heraus betrieben werden. Damit hat sich für das Evangelium ein neuer Weg aufgetan, nicht als Ideologie des Westens, sondern vielmehr als Botschaft verkündigt zu werden, die ihre Mitte in Christus Jesus hat. Frei von Bindungen an Europa und Nordamerika kann der Beweggrund christlicher Mission in dem Verlangen gesehen werden, daß Jesus Christus als Herr des Universums und Erlöser aller Menschen angenommen werde.

Doch auch heute kann die Universalität des Evangeliums verdunkelt werden und wird tatsächlich häufig durch das zähe

Festhalten an Verfahrensweisen und Formen missionarischer Arbeit verzerrt, die davon ausgehen, daß die Leitung der christlichen Mission in den Händen westlicher Strategen und Spezialisten liegen müsse. Davon zeugen die Schulen der „Weltmission“, die im Westen angesiedelt sind und in denen keine Lehrkräfte aus der Dritten Welt mitarbeiten. Davon zeugt ferner die Häufigkeit, mit der ältere Kirchen (oder noch häufiger Missionsgesellschaften) im Westen einseitige Beziehungen zu jüngeren Kirchen (die als unabhängig oder nicht unabhängig angesehen werden können) unterhalten. Solange dieser Zustand anhält, ist Partnerschaft nichts als ein Mythos.

Ein universales Evangelium bedarf einer universalen Kirche, in der alle Christen als gleichberechtigte Glieder am Leibe Christi tatkräftig an der Weltmission mitwirken. Partnerschaft in der Mission ist nicht nur eine Frage der Praktikabilität, sondern eine unausweichliche Folge des Planes Gottes – der im Evangelium offenbart ist –, für seine Kirche und für die ganze Menschheit. Wenn die Christen nicht als Partner in der Mission zusammen arbeiten, dann gelingt es ihnen auch nicht, die neue Wirklichkeit sichtbar zu machen, die sie im Evangelium ankündigen. Weil es nur *eine* Welt, *eine* Kirche und *ein* Evangelium gibt, kann christliche Mission nichts anderes sein als Mission in Partnerschaft. Die Erfüllung des Gebetes Jesu, daß seine Jünger alle eins seien, damit die Welt an ihn glaube, erfordert heute eine christliche Gemeinschaft über nationale Grenzen hinweg, die unserer von Technokratie beherrschten Welt ein Evangelium bringt, dessen Mitte Jesus Christus, der Herr aller Menschen, ist.

3. Die Praxis der Partnerschaft

Wenn Partnerschaft in der Mission über die Theorie hinausgehen soll, so muß ihr ein konkreter Ausdruck in der Arbeit der Theologie im Leben der Kirche als einer weltweiten Gemeinschaft in der Evangelisation und im Dienst gegeben werden.

Partnerschaft in der theologischen Reflexion

Im Westen ist oft angenommen worden, daß die westliche Theologie die Theologie für die ganze Welt sei. Gegen diese

Behauptung habe ich beim Internationalen Kongreß für Weltevangelisation in Lausanne, August 1974, gesagt: „Wenn die Kirche wirklich eins ist, hat die Annahme keinen Raum, daß ein Teil der Kirche das Monopol über die Auslegung des Evangeliums und die Definition des christlichen Auftrages besitzt.“[6]

Außerdem habe ich darauf hingewiesen, daß der Schlüsselbegriff für die Arbeit der Theologie heute in der gegenseitigen Befruchtung liege. Ich bin auch heute noch davon überzeugt, daß die gegenseitige theologische Befruchtung zwischen Christen, die ganz verschiedene kulturelle Hintergründe repräsentieren, für die Mission von entscheidender Bedeutung ist. Westliche Theologen brauchen beispielsweise die Theologen der Dritten Welt, um von ihnen ermutigt zu werden, eine kritische Haltung gegenüber der Verbrauchergesellschaft einzunehmen und die Bedeutung christlicher Verantwortung einem überentwickelten Westen vor Augen zu halten. Theologen der Dritten Welt andererseits brauchen die westlichen Theologen, um von ihnen ermutigt zu werden, die Werkzeuge der Bibelwissenschaft zu benutzen und die Probleme der Kirche heute aus geschichtlicher Sicht zu betrachten. Wenn die Theologie im Westen dazu tendiert, spekulativ und akademisch zu sein, neigt die Theologie in der Dritten Welt dazu, zeitgebunden und an die kulturellen Relativitäten angepaßt zu sein. Die Notwendigkeit einer gegenseitigen Befruchtung besteht, einer Befruchtung, die die christliche Theologie von ihrer „westlichen Gefangenschaft“ befreien, aber sie zur gleichen Zeit davon abhalten wird, das Evangelium zu eng mit menschlichen Bestrebungen und Idealen zu identifizieren, die den Menschen in einer besonderen Situation ansprechen.

In den letzten Jahren haben wir gesehen, wie sich eine sogenannte „Theologie der Befreiung“ entwickelt hat. Ausgehend von Lateinamerika, hat sie sich rapide in den Bereich der reicheren Welt ausgebreitet, insbesondere in die Vereinigten Staaten von Amerika. Paradoxerweise ist eine Theologie, die den Anspruch erhebt, von den Lebenskämpfen und den Leiden der Armen auszugehen, zu einem Verbrauchsartikel geworden. Was man braucht, ist nicht die Kommerzialisierung theologischer Entwürfe aus der Dritten Welt im Westen, sondern neue Modelle theologischer Reflexion, in denen Christen aus verschiedenen kulturellen Bereichen in der Lage sind, miteinander um diejenigen Probleme zu ringen, mit denen die Kirche heute konfrontiert wird, und an theologischen Entwürfen zu arbeiten, die sowohl der biblischen Offenbarung gegenüber getreu sind, als auch für das praktische Leben in der modernen Welt Bedeutung haben.

Eine Welt, die von der Verbraucherhaltung zusammengehalten wird, muß herausgefordert werden durch eine Theologie, die ihre Wurzeln im Evangelium hat und die sich um einen prophetischen Lebensstil bemüht, der die Werte und Ideale der säkularen Zivilisation in Frage stellt. Die Befreiung, die sowohl die unterentwickelte Dritte Welt als auch der überentwickelte Westen dringend benötigen, ist die Befreiung vom Mythos der Modernität, von einem blinden Glauben an den Fortschritt vermittels Technologie und ökonomischen Wachstums, von der Sklaverei zu einem Wertsystem, in dem das Leben des Menschen darin besteht, von seinen Besitztümern frei zu werden. Die Aufgabe der Theologie besteht darin, die Krise der modernen Zivilisation in weltweitem Rahmen als Folge der Versklavung des Menschen unter die Götter der Konsumgesellschaft aufzuzeigen.

Es muß aber auch deutlich werden, daß es eine Krise ist, die von ihren Wurzeln her das letzte Schicksal des Menschen betrifft, und daß ihre letztlich erlösende Aufgabe darin besteht, die Totalität des Lebens unbedingt unter die Herrschaft Jesu Christi zu stellen. Wenn Theologie ernsthaft etwas für die Nöte des Menschen bedeuten soll, kann sie nicht einfach die ökonomischen Dimensionen der gegenwärtigen Krise aus der Gesamtheit der menschlichen Probleme ausklammern. Fragen wie diese: „Was ist der Mensch?“, „Was ist der Zweck des Lebens?“, „Was ist der Sinn der Geschichte?“ erfordern jedoch eine Antwort. Denn diese Antwort liegt jedem Versuch zugrunde, die Krise zu überwinden und eine neue Gesellschaft zu schaffen. Es gibt also Fragen, auf die sich die Theologie konzentrieren sollte, um die Kirche in ihrem Sendungsauftrag zu unterstützen. Die Kirche existiert nicht zu dem Zweck, die bestehende Ordnung zu verteidigen, sondern dazu, prophetisch zu sprechen und an einer wirklichen Veränderung zu arbeiten, und darin muß sie zurückkehren zu ihrer ursprünglichen Berufung.

Partnerschaft und Weltgemeinschaft

Die Welt ist eine Nachbarschaft geworden, ein gigantisches

weltweites Dorf, in dem die Menschen gemeinsame Werte und Ideale miteinander teilen, die die Verbraucherhaltung widerspiegeln, die so typisch für den reichen Westen ist. Die Stadt mit ihren mächtigen Mechanismen und ihrer Gleichschaltung von Haltungen und Gewohnheiten verwandelt die Menschheit in eine Masse Mensch, die ihr Glück nach ihren materiellen Besitztümern mißt. Und doch ist diese Einheit, die durch die Ausbreitung der wissenschaftlichen und technologischen Zivilisation zustandegebracht worden ist, nur eine Karikatur wahrer menschlicher Einheit. Menschen und Nationen sind immer noch getrennt, es gibt Beziehungen untereinander, aber nicht wahre Gemeinschaft.

Die erste Aufgabe der Kirche in diesem Kontext besteht schlichtweg darin, das zu sein, was sie nach Gottes Absicht sein soll, nämlich eine Weltgemeinschaft, in der die Barrieren, welche die Menschen trennen, zerbrochen sind und so die Grundlage für eine echte Partnerschaft in der Mission gelegt ist. Mit anderen Worten: Partnerschaft in der Mission ist unmöglich abseits von einer sich vertiefenden Erfahrung von Gemeinschaft auf weltweiter Grundlage.

Mission ist untrennbar von der Einheit, und Einheit ist weit mehr als eine Frage der Strukturen; sie hat etwas zu tun mit der Bereitschaft, mit den Lachenden zu lachen und mit den Weinenden zu weinen, sie hat (mit Tillichs Worten) zu tun mit „zuhören, geben und vergeben".

Wie können nun Christen in der Mission geeint sein, solange viele von ihnen, insbesondere im Westen, einen aufwendigen Lebensstil an den Tag legen, während die große Mehrheit, besonders in der unterentwickelten Welt, nicht in der Lage ist, die grundlegendsten menschlichen Bedürfnisse zu befriedigen?

Die Armut der Dritten Welt setzt ein Fragezeichen hinter den Lebensstil der Menschen und besonders der Christen im Westen. Die zentrale Antwort darauf ist zunächst ein schlichter Lebensstil und ein radikaler Neubau der ökonomischen Beziehungen zwischen Christen allerorts, gegründet auf dem biblischen Konzept der gegenseitigen Verantwortung (*stewardship*). Ronald Sider hat das so ausgedrückt: „Wenn nur eine geringe Zahl amerikanischer und europäischer Christen beginnen würde, die biblischen Prinzipien des wirtschaftlichen Miteinander-Teilens auf das weltweite Volk Gottes anzuwenden, würde die Welt ganz und gar aus der Fassung geraten."[7]

Es ist höchste Zeit für die wohlhabenden Christen, die „evangelische Armut" ernst zu nehmen, jene Armut, die in der Güte unseres Herrn Jesus Christus ihren Ausdruck findet, der, obwohl er reich war, um unseretwillen arm wurde (2 Kor 8,9). Aber Leben in einer Gemeinschaft kann nicht auf der Grundlage einer Situation konzipiert werden, in der ein Teil der Kirche immer am gebenden und der andere am empfangenden Ende steht. Vielmehr muß es als eine Situation verstanden werden, in der Christen überall bereit sind, das miteinander zu teilen, was sie haben, weil sie erkennen, daß das Ziel des Gebens nicht darin besteht, daß die einen *ent*lastet und die anderen *be*lastet werden. Der Überfluß derjenigen, die da haben, soll im Gegenteil die Bedürfnisse derjenigen, die da nicht haben, versorgen, so daß also der Überfluß der einen den Mangel der anderen ausgleicht, eben „daß es zu einem Ausgleich komme" (2 Kor 8,13). Die Möglichkeit gegenseitigen Gebens und Nehmens zwischen Kirchen ist eine grundlegende Voraussetzung, ohne die keine gesunde Beziehung zwischen älteren und jüngeren Kirchen erreicht werden kann.

So sagt D. Auletta: „Alle Kirchen sind in irgendeiner Weise arm. Sie alle haben mit Mission zu tun und sind für Mission verantwortlich. Alle sollten sie sich umeinander kümmern, einander helfen, miteinander ihre Gaben teilen. Alle Kirchen sollten geben und empfangen."[8]

Geben und Empfangen ist nicht möglich, wenn es nicht zwischen den Kirchen eine Beziehung wie unter Erwachsenen gibt, die auf dem Evangelium begründet ist. Hört die Kirche auf, eine Gemeinschaft zu sein, in der man gemeinsam eine dem Evangelium gemäße Berufung teilt, gibt es früher oder später eine Rückkehr zu den alten Wegen des Paternalismus und der Abhängigkeit. Die Korrektur für den Paternalismus ist nicht Unabhängigkeit, sondern gegenseitige Abhängigkeit (Interdependenz). Gegenseitige Abhängigkeit entspringt einem tieferen Verständnis für das Wesen der Einheit in Christus und für die Situation, in der andere Glieder des Leibes Christi leben. Mit anderen Worten, wo immer Christen gegenseitige Abhängigkeit ernst nehmen, werden sie anerkennen, daß sie ein gemeinsames Leben miteinander teilen, das Leben des Auferstandenen. Ebenso müssen sie neue Wege der Kommunikation finden, die ihnen erlauben, Menschen anderer Kulturen in einem anderen Licht zu sehen.

Bei dem Bemühen, gegenseitiges Geben und Nehmen zwischen den Kirchen zu fördern, kann nichts an die Stelle dessen treten, daß Christen von andern Völkern kommen und ihren Mitchristen in der Welt die Nöte und Kämpfe ihrer eigenen Kirche klar machen. Nur allzuoft besteht die Kenntnis der Kirchen im Westen über die Lage der Kirchen in der übrigen Welt aus notwendigerweise eingeengten Berichten von Missionaren. Missionare stellten ebenfalls zu oft die einzige Informationsquelle für die jüngeren Kirchen dar, um etwas über die Lage der Kirchen im Westen zu erfahren. Es ist wirklich Zeit, Mittel und Wege zu finden, die Kluft zwischen älteren und jüngeren Kirchen zu schließen. Es gibt bereits nützliche Versuche, die zu diesem Zweck unternommen werden, aber es muß viel mehr getan werden, um solchen Mustern der Solidarität über die politischen, wirtschaftlichen, sozialen und kulturellen Grenzen hinaus Gestalt zu geben und auf diese Weise das gegenseitige Teilhaben zwischen den Kirchen und ihren Gaben zu fördern.

Im Zusammenhang hiermit sind solche Projekte von besonderer Bedeutung, die es jungen Menschen aus dem Westen ermöglichen, in einem fremden Lande in ganz engem Kontakt mit den menschlichen Nöten dort zu leben, und sei es auch nur für einen begrenzten Zeitraum. Vielleicht kann nichts mehr dazu beitragen, in der jungen Generation ein Erwachen angesichts der Ungleichheiten in der modernen Welt und der Dringlichkeit der Partnerschaft in der Mission ins Leben zu rufen, als die Erfahrung aus erster Hand unter den Nichtprivilegierten. Es ist gar nicht überraschend, daß der beste Vorschlag, den ein Professor aus Nordamerika seinen christlichen Freunden machen konnte hinsichtlich dessen, was man angesichts der Probleme tun könne, die er in Lateinamerika gesehen hatte, lautete: „Das Beste, was die jungen Leute tun können, ist vielleicht, einfach hinzugehen. Nicht sie unterrichten in dem, was sie nach unserer Meinung lernen müssen, sondern sich von ihnen unterrichten lassen, was geschehen muß, und dann ganz schlicht Arbeitskraft, Muskelkraft und Intelligenz für das zu geben, was geschehen muß. Und dies ohne Bezahlung. Nur mit einem Dach über dem Kopf, etwas Wasser und Maispulver. Und wenn dann noch etwas Kraft übrig ist: Zuhören, trösten, ermutigen, aufrichten und Liebe erzeigen in manch anderer Hinsicht. Und auf der Grundlage dessen schließlich sagen, daß wahrer Friede (shalom) von dem Herrn Jesus Christus kommt.“[9]

Partnerschaft in Zeugnis und Dienst

Wie können nun angesichts des Reichtums des Westens und der Armut der Dritten Welt – so muß man unvermeidlich fragen – die materiellen Ressourcen der reicheren Nationen genutzt werden, um den Armen zu helfen, ohne daß man der „aggressiven Großzügigkeit" des Westens, mit den Worten von Max Warren, oder der häßlichen Unterwürfigkeit der Dritten Welt erlaubt, ihr Haupt zu erheben? Es gibt keine einfache Antwort auf diese Frage. Vielleicht ist die moderne Missionsbewegung auf keinem anderen Gebiet öfter auf den Prüfstand gestellt worden, als gerade hinsichtlich des Umgangs mit Geld, und hat dann versagt. Die Spannungen, die auf diesem Gebiet geschaffen worden sind, fallen der Schwäche des wirtschaftlichen Systems zur Last, welches die Missionsgesellschaften von der Geschäftswelt übernommen haben. Partnerschaft verlangt eine Internationalisierung finanzieller Mittel, damit diese aufhören, ein Instrument der Manipulation von Seiten der Kirche des Westens zu sein, und ein Instrument des Dienstes werden, das der weltweiten Kirche zur Verfügung steht. Eine solche Internationalisierung von Geldmitteln setzt jedoch keine Zentralisierung voraus. Sie setzt Vertrauen voraus, daß materielles Geben nur dann genuin christliches Geben ist, wenn es vom Geber der Gabe begriffen wird als Antwort auf und um der Sache des Evangeliums willen.

Partnerschaft kann nur Gestalt gewinnen im Kontext einer gegenseitigen Verpflichtung durch den Ruf Gottes zur Mission. Solange die westlichen Missionsgesellschaften die enormen wirtschaftlichen Quellen des Westens zu ihrer Verfügung haben, und solange den Fonds Vorrang vor einer gegenseitigen Verpflichtung zur Mission gegeben wird, wird das paternalistische System einfach fortgesetzt, das für die Beziehungen zwischen den Kirchen des Westens und den Kirchen in der Dritten Welt bisher charakteristisch war. Missionen werden fortfahren, ihre eigenen Institutionen zu unterhalten und ihre eigenen Projekte zu fördern, und dies oft genug unter absoluter Hintanstellung der Bedürfnisse der Kirchen am Ort. Die örtlichen Kirchen werden weiterhin durch die Macht des Geldbeutels unter Kontrolle gehalten. Die Zweiteilung zwischen Kirche und Mission, die sich immer noch aus der Vergangenheit fortsetzt, wird letzten Endes zum Zufluchtsort eines missionarischen Imperialismus.

John H. Yoder hat zu Recht darauf hingewiesen, daß für die Christen des Westens der beste Weg zur Versöhnung zwischen Dienst und wirtschaftlicher Macht darin besteht, als Menschen nach Übersee zu gehen, dies allerdings im Auftrag der Kirchen vor Ort.

„Die Haupthilfsquelle, die wir exportieren sollten", so argumentiert er, „sind einfach Menschen; und der Grund dafür ist, daß man nur ihnen rechtmäßigerweise Bindungen auferlegen kann, einfach dadurch, daß sie nun einmal sind, wer sie sind. Einem Dollar kann man nicht Bindungen anlegen, ohne daß man bevormundet. Ja, man kann nicht einmal einen Dollar ohne Auflagen spenden, ohne korrumpierend zu wirken. Aber man kann als Person dort sein und nichts dergleichen muß geschehen. Was heute dringend gebraucht wird, ist eine neue Art von Missionaren, die willig sind, ihre Werkzeuge zu 'schärfen' und dem Reichtum des Westens abzuschwören, um in wirklicher Partnerschaft mit den Christen am Ort, mit den Menschen dort zusammenzuarbeiten, denen dauerhaft zu dienen sie gekommen sind. Nichts weniger als eine radikale 'Fleischwerdung' in der missionarischen Arbeit ist eine angemessene, glaubwürdige Antwort auf die menschlichen Bedürfnisse und Nöte heute."[10]

Partnerschaft in der evangelistischen Arbeit schließt das Aufgeben von Missionsstrukturen ein, die stark von denominationellen Ausrichtungen abhängig sind. Hier muß wiederum eine radikale Abkehr von der Art und Weise gefordert werden, in der die westliche Missionsbewegung in der Vergangenheit gearbeitet hat. In dieser Hinsicht hat die Mennonitische Missionsgesellschaft in Westafrika ein Beispiel gesetzt, indem sie einen großen Teil ihres Personals anderen Missionen und Kirchen zur Verfügung gestellt hat, statt ihn im Rahmen ihrer eigenen Kirchen einzusetzen.[11]

Zeugnis und Dienst, Wort und Tat sind untrennbar. Beide weisen hin auf die neue Wirklichkeit, die durch Jesus Christus in die Welt kam. Partnerschaft in der Mission verlangt daher auch Partnerschaft im Dienst. Und die Möglichkeiten des Dienstes sind in der Dritten Welt unbegrenzt. Die Gefahr liegt hier nur darin, den Dienst als eine Art Entwicklung zu verstehen, die nach dem Muster des wohlhabenden Westens ausgerichtet ist, als ob die Straße der Entwicklung damit identisch wäre, allen Völkern der Erde die Vorstellungen der Konsumgesellschaft aufzuerlegen.

Diese Konzeption ist völlig unrealistisch – es gibt keine wirtschaftlichen Möglichkeiten, die ausreichen, um den Ansprüchen eines Weltmarktes auf dem Konsumniveau, an das sich der Westen gewöhnt hat, zu genügen. Ferner bedeutet es keinerlei Entwicklung, wenn sie sich auf ökonomische Fragen konzentriert, sich aber gleichzeitig den tieferen Fragen, die den Menschen und den letzten Sinn menschlichen Lebens betreffen, versagt. Die christliche Sendung hat es mit der Entwicklung des ganzen Menschen und aller Menschen zu tun. Sie schließt daher die Gestaltgebung eines neuen Lebensstiles ein – „einen auf Dauer ausgerichteten Lebensstil"[12] –, begründet auf neuen Produktionsmethoden und neuen Mustern des Verbrauchs. Dieser neue Typ von Missionaren, den wir heute in der Dritten Welt brauchen, besteht nicht aus Verehrern des Fortschritts westlichen Stils, die imstande sind, sich selbst in einem „kleinen Westen" zu isolieren, indem sie alle Annehmlichkeiten der Konsumgesellschaft inmitten eines von Armut geschlagenen Missionsfeldes behalten. Diese neue „Gattung" von Missionaren sind Pilger auf dem Wege hin zu einer Stadt, „die einen Grund hat, deren Baumeister und Schöpfer Gott ist" (Hebr 11,10), Menschen, deren Lebensstil ein Beispiel christlicher Verantwortung setzt.

Es besteht heute ein dringender Bedarf an Modellen einer Mission, die ganz und gar an eine Situation angepaßt sind, die durch einen gähnenden Abgrund zwischen Reich und Arm charakterisiert wird. Die Modelle von Zeugnis und Dienst, die auf dem Wohlstand des Westens gegründet sind, übersehen diese Situation und belassen die einheimischen Kirchen in permanenter Abhängigkeit. Im Grunde sind sie missionsfeindlich.

Die Herausforderung sowohl für die Christen des Westens als auch für die Christen in den unterentwickelten Ländern besteht darin, Modelle einer Mission zu schaffen, die in einem prophetischen Lebensstil angesiedelt sind, Modelle, die auf Jesus Christus verweisen als den Herrn über die Ganzheit des Lebens, auf die Universalität der Kirche und auf die gegenseitige Abhängigkeit der Menschen dieser Welt.

Vor über 20 Jahren hat Max Warren behauptet, daß „die Partnerschaft eine Idee ist, deren Zeit noch nicht voll zum Tragen gekommen ist."[13] Die Frage heute ist, ob Partnerschaft noch einmal 20 Jahre als eine Idee überleben muß, oder ob die Kirche jetzt endlich bereit ist, sie in die Praxis umzusetzen, und zwar um der Sache des Evangeliums willen!

V. Wahrheiten und Irrtümer in der Befreiungstheologie

Es ist unmöglich, den Begriff „Befreiungstheologie" ohne nähere Bestimmung zu definieren und einzuschätzen. Das liegt nicht nur an der offensichtlichen Begrenztheit dieser Veröffentlichung, sondern auch daran, daß es genau genommen nicht nur eine einzige „Befreiungstheologie" gibt. Der Begriff ist zwar hilfreich, um ein großes Spektrum von Theologien mit gemeinsamen Charakteristika zusammenzufassen, jedoch darf dabei die Unterschiedlichkeit der mit diesem Begriff verbundenen theologischen Positionen nicht übersehen werden.

Ein möglicher Ansatz ist die Beschreibung des gemeinsamen Schwerpunkts aller Befreiungstheologien. Hier setze ich an, indem ich mich auf das kennzeichnende Merkmal aller Befreiungstheologien konzentriere: Theologie ist eine Reflexion des getanen Wortes statt nur des geglaubten. Schon in den frühen siebziger Jahren hatte Gustavo Gutiérrez, einer der Hauptvertreter der Befreiungstheologie, erklärt, daß Befreiungstheologie „nicht so sehr ein neues Thema der Reflexion darstellt, als vielmehr eine neue handlungsorientierte Theologie"[1], die von einer „historischen Praxis" ausgeht, durch die die Welt in eine neue Gesellschaft verwandelt werden soll.

Am Ende des gleichen Jahrzehnts bestätigt Andrew Kirk, daß „das eigentlich Neue an der Befreiungstheologie in ihrem methodischen Ansatz begründet liegt".[2] Diese Übereinstimmung zwischen beiden Autoren, der eine ein Fürsprecher, der andere ein Kritiker der Befreiungstheologie, bringt uns ein gutes Stück dem Ziel näher. Ich glaube nämlich, daß diese Theologie von ihrer Auswirkung auf die Praxis, die ihr erster theologischer Bezugspunkt ist, beurteilt werden muß. Ich werde versuchen, im ersten Teil diesen methodischen Ansatz darzustellen, um dann im zweiten Teil aus meiner Sicht zu einer kritischen Beurteilung zu kommen.

1. Eine neue handlungsorientierte Theologie

Laut Gustavo Gutiérrez hat die Theologie traditionsgemäß zwei Aufgaben zu erfüllen. In der alten Kirche wurde Theologie als *Weisheit* verstanden und bestand hauptsächlich aus Bibelmeditationen, um geistliches Wachstum zu erreichen.

Später erst, beginnend mit dem 12. Jahrhundert, wurde sie als *rationales Wissen*, als eine Wissenschaft angesehen. Beide Sichtweisen zeigen die bleibenden Aufgaben der Theologie.[3] Heute sind sie jedoch durch eine Sicht der Theologie als *rationale Reflexion der Praxis* abgelöst worden. Freilich ist dieses Verständnis nicht völlig neu. Zum Beispiel Augustinus beginnt seinen 'Gottesstaat' (*De Civitate Dei*) mit einer Analyse der Zeichen der Zeit. Er fährt dann mit einer Betrachtung über ihre Folgerungen für die christliche Gemeinde fort. Heute wird die zentrale Bedeutung der „historischen Praxis“ wiederentdeckt. Dies hat zu einer Wiederbetonung der Rolle der Theologie als kritische Reflexion der historischen Praxis geführt. Theologie wird dann „notwendigerweise eine Kritik an der Gesellschaft und Kirche sein, soweit diese durch das Wort Gottes angesprochen und infrage gestellt werden. Es geht also um eine kritische Theorie, die im Licht des Wortes im Glauben angenommen wird und eine praktische Anwendung im Blick hat. Sie ist daher unauflöslich mit einer historischen Praxis verbunden.“[4]

Die Konsequenzen dieser Auffassung von Theologie lassen sich in folgenden Punkten zusammenfassen:

(1) Eine „historische Praxis“ ist eine *conditio sine qua non* (notwendige Voraussetzung) für eine handlungsorientierte Theologie.

(2) Die „historische Situation“ ist der Ausgangspunkt für theologische Reflexion.

(3) Das Verständnis der gegenwärtigen historischen Realität mit Hilfe der Sozialwissenschaften ist ein wesentlicher Aspekt der theologischen Arbeit.

(4) Theologische Reflexion nimmt unausweichlich ideologische Formen an.

Im Folgenden werde ich jeden dieser Lehrsätze kurz untersuchen und dabei bewußt die Befreiungstheologen selbst zu Wort kommen lassen.

Die Priorität der Praxis

Die Grundannahme der Befreiungstheologie ist, daß Gott zu kennen wirklich das gleiche sei, wie seinen Willen zu tun. Nach Míguez Bonino bestätigt das biblische Schrifttum diesen Ansatz in der prophetischen Literatur im Alten Testament und in den johanneischen Schriften im Neuen Testament. Beide Teile sagen uns, so Míguez, „daß das Wissen von Gott kein abstraktes oder theoretisches Wissen, sondern aktiver Gehorsam gegenüber Gottes konkreten Forderungen ist".[5] „Gehorsam *ist* unser Wissen von Gott. Wir erkennen Gott nicht im Abstrakten und leiten dann von seinem Wesen einige Konsequenzen ab. Wir erkennen Gott in dem zusammenfassenden Akt der Antwort auf seinen Anspruch."[6] In dieser Sicht hat die historische Praxis immer Vorrang vor dem „Theologisieren". Gutiérrez formuliert das so: „Theologie kommt erst danach, sie ist der zweite Akt."[7] Demzufolge kann eine theologische Position nicht nach ihrer Übereinstimmung mit zeitlosen Wahrheiten beurteilt werden, sondern nur im Blick auf ihre Wirkungskraft auf eine konkrete historische Praxis. „Im Endeffekt wird sich tatsächlich die richtige Interpretation, die durch die Theologie aufgedeckt wird, an der historischen Praxis erweisen."[8] Mit anderen Worten: die historische Verifikation ist die einzig mögliche Verifikation von Theologie.

Was nun ist der Zweck der Theologie? Als *kritische* Reflexion der historischen Praxis ist die Theologie die Dienerin der Gemeindearbeit. Indem sie die Fragen der Welt aufgreift, erfüllt sie eine kritische Aufgabe gegenüber der Kirche. Indem sie auf die Quellen der Offenbarung zurückgreift, bewahrt sie die Arbeit in der Gemeinde vor bloßem Aktivismus. Indem sie die „Zeichen der Zeit" interpretiert und deren Bedeutung verkündet, erfüllt sie eine prophetische Aufgabe und macht damit die Beteiligung der Christen an der Befreiung noch radikaler und geistvoller. Sie weist also in die Zukunft mit Blick auf die Veränderung der Gegenwart.[9]

Die historische Situation als Ausgangspunkt

Wo beginnt die theologische Reflexion? Wenn sie kritische Reflexion der historischen Praxis ist, muß sie bei der konkreten Situation beginnen, in der Glaube im Tun gelebt werden muß.

Deshalb ist die historische Situation der Ausgangspunkt. Hugo Assmann sagt: „Der 'Text' ist . . . unsere Situation. Dies ist der 'erste theologische Bezugspunkt'. Die anderen Bezugspunkte ('loci theologici', Bibel, Tradition, Lehramt, Dogmengeschichte) sind, trotzdem sie alle eine immer wieder zu aktualisierende Praxis erfordern, nicht der erste Bezugspunkt einer 'Sphäre von Wahrheiten an sich', die mit dem historischen 'Jetzt' der praktizierten Wahrheit in keiner Beziehung steht."[10]

In Lateinamerika wie in der übrigen Dritten Welt ist die Situation durch die überwältigende Gegenwart der Armen gekennzeichnet, die als „Nicht-Personen" betrachtet werden. Wenn die Theologie nun Fragen beantworten soll, die die Leute in ihrem eigenen Kontext stellen, so kann sie die Fragen dieser „Nicht-Personen" nicht übergehen. Nach Gutiérrez ist das Problem der Theologie in dieser Situation nicht: „Wie kann Gott in einer Welt, die erwachsen geworden ist, verkündigt werden?", sondern: „Wie kann Gott einer unmenschlichen Welt als Vater verkündigt werden? Was bedeutet es, den Nicht-Personen zu sagen, daß er (Jesus) der Sohn Gottes ist?"[11] Ein Aufruf zur Resignation angesichts von Unterdrückung und Ausbeutung ist völlig unangebracht; Theologie darf nie dazu mißbraucht werden, Ungerechtigkeit zu verschleiern. Vielmehr ist es ihre Aufgabe, Christen in ihrer Bemühung um die Schaffung einer neuen Gesellschaft, die sich durch Gerechtigkeit und Freiheit auszeichnet, zu helfen.

Die Erfüllung dieser Aufgabe erfordert sowohl ein „Lesen" unserer Situation in ihrer ganzen sozialen, politischen, wirtschaftlichen und kulturellen Dimension, als auch ein Lesen der Bibel aus der Perspektive der Solidarität mit den Armen. Mit anderen Worten, eine „Hermeneutik der Befreiung" ist gefordert, bei der die Bibel, wie Raul Vidales sagt, „von der 'anderen' Bibel, nämlich der Geschichte"[12] her gelesen wird, so daß ihre revolutionäre Kraft in unsere Situation hineinkommt. Die Befreiungstheologie schlägt also einen „hermeneutischen Zirkel" zwischen zwei Texten vor, die in einem dynamischen Wechselspiel stehen. Erst wenn dieser Kreisprozeß funktioniert, so schreibt Severino Croatto, wird die Frage bedeutungslos, ob die theologische Reflexion vom Text zur historischen Situation oder von dieser zum Text gehen soll. Man geht dann beide Wege gleichzeitig. „Es ist das gegenwärtige Ereignis, das uns ermöglicht, in die Bedeutung eines Textes einzudringen. Es ist daher so, daß, selbst wenn jemand vom biblischen Text ausgeht, er diesen von seiner eigenen existentiellen Situation her vorversteht, von der wir Lateinamerikaner genau wissen, wie sie ist.“[13]

Der Gebrauch der Sozialwissenschaften

Wie bereits angedeutet, spielt in dieser „handlungsorientierten Theologie“ das „Lesen“ der historischen Situation eine wichtige Rolle. Der Gebrauch der Sozialwissenschaften ist daher in der hermeneutischen Aufgabe inbegriffen. Juan Luis Segundo sieht an diesem Punkt „den fundamentalen Unterschied“ zwischen einem akademischen Theologen und einem Befreiungstheologen, denn „der Befreiungstheologe ist gezwungen, bei jedem Schritt die Disziplinen, die die Vergangenheit eröffnen, zusammen mit denen zu gebrauchen, die die Gegenwart aufschließen, und dabei die Theologie auszuformen, indem er versucht, das Wort Gottes, als an uns in unserem Hier und Jetzt gerichtetes, zu interpretieren.“[14]

Hugo Assmann geht sogar so weit zu behaupten, daß Theologie nicht nur „der 'zweite Akt' sei, der dem 'ersten Akt' der Praxis folgt, sondern auch das 'zweite Wort', daß dem 'ersten Wort' der Sozialwissenschaften folgt“[15].

Die Grundüberlegung beim Gebrauch der Sozialwissenschaften ist hauptsächlich, daß, wenn Theologie befreiend sein soll, sie nicht auf das Studium der Offenbarungsquellen beschränkt bleiben kann (was in jedem Fall historisch bedingt ist), sondern es erfordert rationale Kriterien, um die Gültigkeit der Praxis zu beurteilen. Die Zeit ist vorbei, in der Christen mit einer idealistischen Liebe zufrieden sein konnten; denn heute haben wir die Mittel, die soziale Wirklichkeit zu analysieren und die Liebe mittels politischer Aktion wirksam werden zu lassen.

An dieser Stelle werden die Methoden der marxistischen sozio-ökonomischen Analyse für die Befreiungstheologie wichtig. Im Gegensatz zur funktionalen Soziologie ermöglicht die marxistische Soziologie eine globale Diagnose der historischen Realität. Sie zeigt die den sozialen Strukturen innewohnende Dynamik auf und beschreibt die *Ursachen* (und nicht nur das Phänomen) der Armut im lateinamerikanischen Kontext. Mit Hilfe des Marxismus wird also deutlich, daß die Existenz der Armen nicht einfach Folge des Schicksals, sondern Resultat eines ungerechten Systems ist. Wie Gutiérrez sagt: „Arm ist der Unterdrückte, der Ausgebeutete, der Proletarier, der der Frucht seiner Arbeit und seiner menschlichen Identität beraubt wurde."[16]

Hat man dies erst einmal erkannt, so ist die Folgerung unvermeidbar, daß nicht wirtschaftliche Entwicklung allein nottut, sondern eine vollständige Erneuerung der gesellschaftlichen Ordnung. Wenn das wirkliche Problem die Abhängigkeit der Unterdrückten ist, kann die Antwort nicht Entwicklung, sondern nur Befreiung heißen.

Solange das System nicht geändert wird, profitieren nur die Unterdrücker von der Entwicklung. Nur die Revolution kann eine andere Gesellschaft zustande bringen, in der echte menschliche Existenz möglich ist.

Die „Theorie der Abhängigkeit", nach der die Unterentwicklung der armen Nationen „das historische Produkt der Entwicklung der anderen Nationen ist"[17], wird von der Befreiungstheologie als ein grundsätzlicher wissenschaftlicher Schlüssel zum Verständnis der lateinamerikanischen Realität angesehen. Ihre Befürworter geben natürlich zu, daß diese Theorie, wie jede andere Analyse der sozialen, wirtschaftlichen und politischen Realität noch verbessert und korrigiert werden kann. Sie bestehen jedoch darauf, daß es gegenwärtig das beste Instrument ist, das ihnen zur Analyse der Situation zur Verfügung steht.

Mit den Worten von Oliveros gesagt: „Bis jetzt gestattet die Theorie der Abhängigkeit die durchgängigste und umfassendste Interpretation der schweren Belastungen, die unsere Nationen zu tragen haben."[18]

Die Befreiungstheologen behaupten, daß die marxistische Soziologie in ihrer Analyse der sozialen Realität einen rationalen Weg bietet, Liebe historisch wirksam werden zu lassen. Liebe, die nicht von einem angemessenen Verständnis der wirklichen gesellschaftlichen Dynamik begleitet wird, kann sonst leicht Beute der Interessen der Unterdrücker werden. Um Liebe auf der historischen Ebene zum Tragen zu bringen – eine Ebene, auf der der Mensch dazu berufen ist, als freier Herr seines Schicksals zu handeln –, braucht es eine historische Vermittlung, die so objektiv und konkret wie nur irgend möglich ist.

Da wir in der Welt von heute leben, können wir nicht einfach biblische Modelle reproduzieren. Wir müssen uns daher derjenigen Soziologie bedienen, die uns befähigt, Liebe historisch zum Ausdruck zu bringen.

Theologie und Ideologie.

Nach der marxistischen sozio-ökonomischen Analyse sind die Armen deswegen arm, weil die Reichen sie ausbeuten. Die Gesellschaft ist also gekennzeichnet durch eine Polarität zwischen der sozialen Klasse der Unterdrückten und der sozialen Klasse der Unterdrücker. Es besteht ein „Klassenkampf". Daraus folgt, daß man sich nicht auf die Seite der Armen stellen kann, ohne sich *für* eine soziale Klasse und *gegen* eine andere zu entscheiden. Neutralität ist an dieser Stelle unmöglich. Der soziale Konflikt ist eine Tatsache und „es gibt nichts Härteres, als Tatsachen". Der Versuch, nicht Partei zu ergreifen, ist in Wirklichkeit eine Entscheidung, die Situation unverändert zu lassen, was wiederum bedeutet, sich auf die Seite der Unterdrücker zu stellen. „Der Aufbau einer gerechten Gesellschaft beinhaltet heute notwendigerweise eine bewußte und aktive Teilnahme am Klassenkampf, der vor unseren Augen stattfindet."[19]

Betrachtet man den sozialen Konflikt aus einer globalen Perspektive, so bedeutet, sich auf die Seite der Armen zu stellen – nach der Befreiungstheologie –, sich für den Sozialismus und gegen den Kapitalismus zu entscheiden.[20] Sollte jemand einwenden, die Wahl zwischen Kapitalismus und Sozialismus sei der Theologie vorenthalten, so muß gesagt werden, daß, wenn der Glaube uns nicht dazu befähigen kann, ein für unser Volk wünschenswertes sozio-ökonomisches System zu wählen, – wenn der Glaube nicht historisch glaubhaft handeln kann –, dieser Glaube dann nutzlos ist. Das Bemühen darum, Gottes Wort zu politischen Ereignissen in Beziehung zu setzen, so Juan Luis Segundo, geht sowohl auf Jesus, als auch auf die Propheten zurück. Eine Theologie, die dies unterläßt und behauptet, daß der Sozialismus keine Versicherung einer besseren Zukunft beinhalte, verläßt augenscheinlich ihren prophetischen Auftrag und stimmt nicht mit der von Jesus geforderten „historischen Empfindsamkeit für die Zeichen der Zeit" überein. In der heutigen Welt ist die Wahl zwischen Kapitalismus und Sozialismus eine *crux theologica* (zentrale Frage in der Theologie) und die Theologie kann dabei nicht neutral bleiben, so als ob die Linke und die Rechte nur zwei Quellen von sozialen Projekten wären, die von einem Verstand aus beurteilt werden könnten, der genau zwischen diesen beiden Positionen liegt. Wegen ihrer Offenheit gegenüber der Zukunft ist die historische Sensibilität der Linken „ein wesentliches Element einer echten Theologie" – Theologie also als eine „notwendige Form der Reflexion, in der historische Sensibilität zum Schlüssel geworden ist".[21]

Die Befreiungstheologen sind sich wohl bewußt, daß sie sich dadurch, daß sie sich auf die Seite der Unterdrückten stellen, dem Vorwurf der Parteilichkeit aussetzen. Sie antworten darauf, daß sie aufgrund menschlicher Kriterien bewußt Partei ergriffen haben, damit der „Glaubensgehorsam" in einer konkreten historischen Situation zum Tragen komme. Wenn Theologie *fides quarens intellectum* ist – also ein Glaube, der um der historischen Praxis willen das Verstehen sucht –, so kommt sie nicht umhin, Partei zu ergreifen. Ein Glaube ohne ideologische Vermittlung ist tot, weil historisch irrelevant. Mit Segundos Worten gesagt: „Der Glaube ist keine Ideologie, das ist wahr. Aber er macht nur Sinn als Begründer von Ideologien."[22]

Wenn die Theologie nicht bewußt akzeptiert, daß sie Partei ergreifen muß, so fügen die Befreiungstheologen hinzu, sollte sie als ideologischer Ausdruck des Eigeninteresses der Bourgeoisie „demaskiert" werden. Hier wird von neuem die Notwendigkeit einer Hermeneutik sichtbar, die den Gebrauch der soziologischen Analyse mit integriert. Dementsprechend hat auch Juan Luis Segundo einen „hermeneutischen Zirkel" vorgeschlagen, der vier Elemente berücksichtigt:

1. Unsere Erfahrung der Realität, die uns zum Ideologieverdacht führt;
2. die Anwendung dieses Verdachtes auf die „ideologisch übergeordnete Struktur" im allgemeinen und auf die Theologie im besonderen;
3. eine neue Art der theologischen Realitätserfahrung, die uns zu einem „exegetischen" Verdacht führt, dem Verdacht, daß die übliche Bibelinterpretation wichtige Daten nicht berücksichtigt;
4. eine neue Hermeneutik im Sinne einer neuen Art der Schriftinterpretation, die alle während dieses Prozesses gewonnenen neuen Elemente mit einbezieht.[23]

Der Kernpunkt dieses neuen Zirkels ist nicht die Formulierung einer Theologie *per se*, sondern die Darlegung einer befreienden Theologie, einer Theologie, die notwendigerweise *parteiisch* sein wird. In Gottes Wort finden wir nämlich „den Teil der Offenbarung, der uns heute, im Hinblick auf unsere konkrete historische Situation bei der Befreiung, zu der Gott uns ruft und drängt, viel mehr hilft (als alles andere)."[24] Wenn wir den hermeneutischen Zirkel verstanden haben, so fügt Segundo hinzu, werden wir auch begreifen, daß die lateinamerikanische Befreiungstheologie genau deshalb parteiisch ist, weil sie „der christlichen Tradition treu ist und nicht dem griechischen Denken“. Und diejenigen, die sie wegen ihrer Parteinahme angreifen, sind selbst viel parteilicher, ohne es zu wissen, denn sie machen einen Teil der Schrift nicht nur zu Gottes Wort für diese und ähnliche Zeiten, sondern für alle Zeiten, und ersticken damit durch ihre Parteilichkeit das Wort Gottes.[25]

2. Eine kritische Wertung

Eine kritische Wertung der Befreiungstheologie ist mir kaum möglich, ohne daß vor mir das Bild des engagierten prophetischen Theologen erscheint, der mich ganz am Anfang mit dem Wort Jesu konfrontierte, das er zu seinem Leitsatz gemacht hat: „Wer nicht für mich ist, der ist gegen mich, wer nicht mit mir sammelt, der zerstreut“ (Mt 12,30). Es ist ziemlich klar, daß der theologische Diskurs, mit dem er mich dabei konfrontiert, keine akademische Dissertation, sondern eine prophetische Botschaft ist. Er will mich nicht informieren oder Theorien vorbringen, die ich frei akzeptieren oder verwerfen kann, sondern mich aus meiner Gleichgültigkeit aufrütteln und zur Umkehr rufen. Er lädt mich nicht dazu ein, eine neue und interessante theologische Theorie zu betrachten, sondern er fordert mich heraus, endlich die Notwendigkeit anzuerkennen, daß mein Glaube in meinem historischen Kontext relevant werden muß.

Als einer, der in der handlungsorientierten Theologie Nordamerikas und Europas ausgebildet wurde, könnte ich mich leicht in das argumentative Gebäude flüchten, mit dem angelsächsische und andere Theologen die Befreiungstheologie angegriffen haben: daß sie eine Neigung zum Marxismus hat; daß sie für Gewalt eintritt; daß sie das Evangelium auf Soziologie, Ökonomie oder Politik reduziert; daß ihr Gebrauch der Bibel zu selektiv ist; daß sie parteilich ist und daher den Universalanspruch des Evangeliums zerstört, oder daß sie zu sehr situationsgebunden ist.[26] Ich will jedoch diese Argumente nicht zu rasch benutzen, um nicht der Herausforderung seitens der Befreiungstheologie, aber noch viel mehr von Seiten der Armen, an deren Seite sie sich stellt, auszuweichen. Die Frage ist für mich nicht: *was ist meine Antwort* auf die Befreiungstheologie, um so ihre Schwächen und Ungereimtheiten aufzuzeigen, sondern vielmehr: wie artikuliere ich meinen Glauben in dem gleichen Umfeld von Armut, Repression und Hoffnungslosigkeit, aus dem die Befreiungstheologie erwachsen ist?

Aufgrund meines eigenen familiären Hintergrundes und aufgrund meines Bekenntnisses, daß Jesus Christus mein Herr und Heiland ist, kann ich mich nicht mit dem Gebrauch von Argumenten zufriedengeben, um mich aus der Affäre zu ziehen. Ich bin mir der Herausforderung durch diejenigen, die sich dem „Blick von unten" verschrieben haben, voll bewußt. Ich verstehe die Anstöße der Befreiungstheologie als einen ehrlichen Versuch, der auch für mein Leben und meinen Dienst wichtige Impulse setzt. Ich wage unter dieser Voraussetzung eine kritische Bewertung der dargestellten theologischen Vorgehensweise.

Die Befreiungstheologie betont zurecht die Wichtigkeit der Praxis für das Verständnis der Wahrheit, aber sie selbst steht in der Gefahr, dem Pragmatismus zu verfallen.

Die Theologie in Europa und Nordamerika war im großen und ganzen eine rein akademische Übung geworden. Sie nahm an, daß es eine „reine Theologie" geben könnte, die aus der Schrift (und vielleicht der Tradition) abgeleitet und dann nur „systematisiert" bzw. auf praktische, ethische Probleme angewandt werden muß. Mit anderen Worten, die Theologie hat die Möglichkeit angenommen, daß es eine *Kenntnis* der Wahrheit getrennt von dem *Tun* der Wahrheit gibt. Als Ergebnis wurde die Offenbarung auf die Mitteilung von göttlichen Wahrheiten reduziert und der Glaube intellektualisiert.

Die Befreiungstheologie ist zweifellos im Recht, wenn sie diesen rationalistischen Ansatz der Theologie kritisiert. Aus der Sicht der Bibel ist Gottes *Logos* eine historische Person geworden und das Kennen dieses *Logos* ist daher nicht nur intellektuelles Wissen von Ideen sondern Hingabe, Gemeinschaft, Teilnahme an einem neuen Leben. Die Wahrheit des Evangeliums ist nicht nur Wahrheit, die rein intellektuell gewußt wird, sondern Wahrheit, die gelebt werden muß. „Richtiges Erkennen ist abhängig von richtigem Tun, klarer noch: Kennen manifestiert sich im Tun."[27] Folglich hat die theologische Arbeit, die ihrem

Wesen nach eine hermeneutische Arbeit ist, vom Anfang bis zum Ende den „Glaubensgehorsam" zum Ziel.[28] „Alle Schrift, von Gott eingegeben, ist nützlich zur Lehre, zur Zurechtweisung, zur Besserung, zur Erziehung in der Gerechtigkeit, daß der Mensch Gottes vollkommen sei, zu allem guten Werk geschickt" (2 Tim 3,16f). Wenn dies gilt, dann kann das Ziel der Theologie niemals weniger praktisch sein als dies. Die Theologie muß daher von ihrem rationalistischen Rahmen befreit und wieder Dienerin des Wortes Gottes werden.

Diese Betonung der existentiellen Dimension der Wahrheit darf uns aber nicht dazu verleiten, die Gefahr des Pragmatismus zu übersehen. Wenn es nicht möglich ist, die Praxis außer durch die Praxis selbst zu bewerten, so ist der Weg frei, jedwede Praxis zu rechtfertigen, solange sie funktioniert; dann aber heiligt der Zweck die Mittel. Die Antwort darauf könnte sein, daß aus dem Blickwinkel der Befreiungstheologie die Reflexion der Praxis „im Licht des Glaubens" geschieht. In der Tat betont Assmann: „Damit aus der kritischen Reflexion der Praxis eine Theologie wird, müssen als besondere Kennzeichen der Bezug zum Glauben und die historische Vermittlung dieses Glaubens (die Bibel und die Geschichte der Kirche) erkennbar sein."[29]

Aber wie kann nun der Glaube als Kriterium zur Beurteilung der Praxis dienen, wenn es in ihm keine kognitiven Inhalte außer der Praxis selbst gibt? Wenn Theologie eine Reflexion der Praxis im Licht des Glaubens ist, Glaube aber, nach Assmann, „historisch befreiende Praxis"[30], dann ist Theologie Reflexion der Praxis im Licht der Praxis. Juan Luis Segundo erkennt dieses Problem, wenn er schreibt: „Wenn der christliche Beitrag, wie bereits geschehen, von einem vorherigen revolutionären Bekenntnis abhängig ist, und das letztere ebenfalls von einer korrekten, linientreuen Bewertung der sozio-ökonomischen Praxis abhängig zu sein scheint, so baut ein Vorverständnis auf dem anderen auf. Drehen sie sich dabei nicht im Kreise?"[31]

Noch einmal: Wenn politische Relevanz das einzige Kriterium zur Verifikation einer Theologie ist, wo ist dann der Wahrheitsgehalt einer Befreiungstheologie, die in einem Kontext militärischer Repression (um nur eine historische Begrenzung zu nennen) sich als vollkommen unfähig erweist, die Befreiung der Armen und Unterdrückten zu erreichen? Wenn man davon ausgeht, daß die historische Verifikation desChristentums nicht nur eine Frage der Apologetik ist, weil „die

Bedeutung des Christentums – weder im positiven noch im negativen Sinn – aus seiner historischen Wirksamkeit abgeleitet werden kann,“[32] bedeutet das denn, daß die biblische Offenbarung überhaupt keine Kriterien bietet, um unsere historische Praxis zu prüfen? In diesem Fall gäbe es für den Christen keine Möglichkeit zu unterscheiden, ob er ein treuer, seinem Herrn ausgelieferter Jünger Jesu Christi ist, oder nur Hüter eines neuen Gesetzes und damit einem bestimmten politischen Programm verpflichtet.

Des weiteren bedeutet dieses „praxisbezogene“ Vorgehen der Theologie in letzter Konsequenz folgendes: Da die auf der biblischen Offenbarung fußende christliche Hingabe beim Realitätsverständnis des Christen keine Rolle spielt, hängt seine historische Praxis vollkommen von einer „wissenschaftlichen Analyse“ ab, und Wissenschaft wiederum ist eine Domäne des vom Glauben unabhängigen Denkens. Solch eine Sichtweise jedoch setzt ein *objektivistisches Konzept der Wissenschaft* voraus, nach der die Wissenschaft als Beschäftigung mit reinen Fakten gesehen wird, die ein reines, objektives und unpersönliches Wissen hervorbringt.

Ebenso wird ein *subjektivistisches Konzept von Offenbarung* vorausgesetzt, nach der Gott zu kennen bedeutet, ihm existentiell zu begegnen. Diese Auffassung muß durch die Anerkennung zweier Tatsachen korrigiert werden:
(1) es gibt keine Wissenschaft ohne Vorannahmen (daher auch keine sich selbst beweisende Analyse der Realität);[33]
(2) obwohl die Erkenntnis Gottes einen Glaubensinhalt hat, kann sie nicht mit dem Glauben an irgendwelche Dinge gleichgesetzt werden.[34]

Werden diese beiden Sachverhalte nicht anerkannt, so gibt es keine Möglichkeit, die eigene Praxis zu bewerten, ohne in einen Teufelskreis zu geraten, und folglich keine Möglichkeit einer Theologie als Reflexion der Praxis „im Licht des Glaubens“. Selbst Míguez Bonino gibt zu, daß der Christ nicht umhin kann, die Praxis auf der Basis der biblischen Offenbarung zu beurteilen: „Christlicher Gehorsam, obwohl richtig verstanden als historische Praxis und damit Teil der historischen Vermittlung (rational und konkret), enthält dennoch eine Dimension, die, christologisch gesprochen, weder von der historischen Praxis getrennt, noch mit ihr verwechselt werden darf. Mit anderen Worten: Wie wird die historische Praxis eines Christen von den ursprünglichen Ereignissen (oder besser: auslösenden Ereignissen) des Glaubens beeinflußt, insbesondere von Gottes Handeln an Israel, Geburt, Leben, Tod und Auferstehung Jesu Christi und der Hoffnung auf sein Reich? Wenn wir an dieser Stelle schweigen, ist es uns unmöglich, die Praxis noch als *christlichen* Gehorsam zu bezeichnen."[35]

Wenn sich die „samenkornartigen Ereignisse des Glaubens" auf die Praxis auswirken sollen, dann ist die Reflexion der Heiligen Schrift für die Theologie genauso grundlegend wie die Reflexion der Praxis. Selbstverständlich muß diese Reflexion im Rahmen einer persönlichen Beziehung zu Gott stattfinden, denn ihr Ziel ist ja nicht nur das intellektuelle Wissens der offenbarten Wahrheit, sondern der Glaubensgehorsam.

Schließlich sind die biblischen Fakten der biblischen Offenbarung genauso „solide Fakten", und wir sollten sie bedenken, um im tiefsten zu verstehen, was sie für unser Leben hier und heute bedeuten.

Wir erkennen nach dem Maß unseres Gehorsams (und das ist die existentielle Seite der Wahrheit), aber wir können umso besser gehorchen, je mehr wir Gottes Gebote, Verheißungen und Urteile kennen, die uns in der Schrift offenbart werden (und das ist die kognitive Seite der Wahrheit).

Gottes *Logos* ist ein fleischgewordener *Logos,* aber er ist auch ein *Logos,* der gesprochen hat, und seine Worte (seine *Themata*) sind Geist und Leben (s. Joh 6,63). Man kann Jesu Lehre nicht verstehen, wenn man nicht bereit ist, Gottes Willen zu tun (s. Joh 7,17); daher kann keiner seine Worte (*Lalia*) verstehen, der nicht willens ist, seine Botschaft (*Logos*) zu hören – ihr zu gehorchen (s. Joh 8,43). Es gibt also kein Verstehen ohne Hingabe. Es bleibt jedoch die Tatsache bestehen, daß es eine Botschaft (ein *Logos*) gibt, die gehört und verstanden werden will.

Das *Tun* der Wahrheit kann nicht gleichgesetzt werden mit dem praktischen *Nachmachen* der Wahrheit, sondern mit dem Praktizieren derjenigen Wahrheit, die uns durch die Offenbarung übermittelt wurde. Die Wahrheit zu kennen ist nicht nur eine Frage der Exegese; da aber der *Logos* uns historisch gegeben und niedergeschrieben wurde, hat die Exegese alles, was sie braucht. Der Gehorsam im Glauben – die Praxis – findet nicht *trotz* der biblischen Texte, sondern im Dialog mit ihnen in ihrer konkreten Historizität statt. Wenn die Theologie der Praxis dienen soll, Praxis aber Glaube ist, der aus Liebe handelt, dann muß die *Theologie* gleichzeitig kritische Reflexion der Praxis *und* kritische Reflexion des Wortes Gottes sein, die sich an den Glauben wendet.

Die Theologie reflektiert die Praxis – den konkreten, historischen Gehorsam im Glauben – und sie reflektiert das Wort Gottes, Gottes Offenbarung, die Glauben stiftet und erhält. *Fides quaerens intellectum,* also das Verstehen, das der Glaube sucht, ergibt sich aus der Übereinstimmung der Erkenntnis der Wahrheit Gottes, die in der Bibel beschrieben wird, und der Erkenntnis der Wahrheit Gottes, die in der Geschichte Fleisch geworden ist. Der christliche Glaube ist also nicht eine *Gnosis,* sondern ein „Lebensstil", aber nicht irgendein Lebensstil, sondern einer, der sich auf das Wort Gottes gründet.

Es ergibt sich also folgende Schlußfolgerung: Wenn die Theologie eine kritische Reflexion der Praxis im Licht des Glaubens ist, dann ist der hermeneutische Zirkel zwischen Vergangenheit und Gegenwart – zwischen der Schrift und der historischen Situation – unverzichtbar. Die Antwort auf eine rationalistische, orthodox orientierte Theologie einerseits, und eine pragmatische, an der Orthopraxis orientierten Theologie andererseits, ist eine umfassende Theologie, die sich gleichzeitig an der Treue zu Gottes Wort *und* der historischen Relevanz orientiert.

Die Befreiungstheologie betont berechtigterweise die Bedeutung der historischen Situation, unterliegt aber der Gefahr, die Situation ausschließlich auf historische Aspekte zu reduzieren.

Die europäische und nordamerikanische Theologie war generell von der sozialpolitischen Realität isoliert und damit den Nöten und Leiden der Armen gegenüber gleichgültig. Unter dem Einfluß einer Privatisierung der Religion, die den Westen allgemein kennzeichnet,[36] nahm sie Zuflucht zu einer Gedankenwelt, in der das Schreien der Menschen unhörbar geworden ist.

Die Befreiungstheologie hat diese Haltung zu Recht kritisiert. Biblische Offenbarung ist eine historische Offenbarung; der Christ kann der Frage nach der historischen Relevanz seines Glaubens nicht ausweichen. Gutiérrez schreibt dazu: „Die Verkündigung des Gottes, der alle Menschen ohne Unterschied liebt, muß in der Geschichte konkrete Form gewinnen, sie muß Geschichte werden."[37] Wenn Gott nicht mehr ist als nur der

„spirituelle" Aspekt des menschlichen Lebens, dann findet die Erlösung völlig außerhalb des historischen Raumes statt; es ist im Grunde nur die Erlösung einer spirituellen Monade (einer Urzelle). Im Gegensatz zu dieser spiritualistischen Sicht, sieht die Bibel den Menschen als eine untrennbare Einheit von Leib und Seele an. Es gibt keinen körperlosen Geist.

Zudem ist der Gott der Bibel nicht nur ein Gott, der in der Geschichte *gehandelt hat*, sondern er ist ein Gott, der *weiterhin* in der Geschichte *handelt*. Wenn die Theologie also der Schrift treu sein will, kann sie nicht einfach nur eine „Theologie des Wortes" sein, sondern sie muß zu einer „Theologie des *fleischgewordenen* Wortes" werden. Im Umfeld von Armut und Unterdrückung muß die Theologie, genau wie die Predigt und die Erziehung, befreiend sein. Sie muß das institutionalisierte Böse aufdecken und Gottes Herrschaft der Gerechtigkeit und des Rechts verkünden. In Gutiérrez Worten heißt das: „Es ist nicht genug, nur zu sagen, daß Gott sich in der Geschichte offenbart und daß folglich der Glaube des Volkes Israel eine historische Dimension hat. Man muß damit rechnen, daß der Gott der Bibel nicht nur ein über die Geschichte herrschender Gott ist, sondern daß er die Geschichte auf die Errichtung von Wahrheit und Gerechtigkeit ausrichtet. Er ist mehr als ein vorhersehender Gott; er ist ein Gott, der auf der Seite des Armen steht und ihn von Sklaverei und Unterdrückung befreit."[38]

Wenn die Situation als „der Text", „der erste theologische Bezugspunkt" gilt, ist jedoch der Weg frei, Gottes Wort der menschlichen Situation unterzuordnen. Es wird ein „Kanon innerhalb des Kanons" geschaffen und das Reich Gottes so reduziert, daß es in die Geschichte paßt. Das Ergebnis ist, daß die Bibel selektiv gelesen wird; sie darf nur in eine konkrete historische Situation und in bezug auf ein bestimmtes historisches Projekt reden: eine Situation, die interpretiert werden muß und ein Projekt, das auf der Annahme beruht, daß das Wort Gottes nichts zu diesen rationalen Aufgaben beizutragen hat. Das Resultat einer Theologie, die sich auf Hermeneutik, Ethik und Politik konzentriert, ist eine Theologie, die der Ganzheit der biblischen Offenbarung nicht gerecht wird. Was nicht mit den Interessen der Praxis übereinstimmt, wird von ihr als nicht relevant abgetan. Nicht zufällig ist die Befreiungstheologie inkompetent für alles, was keinen direkten Bezug zur Politik hat oder die persönliche und übergeschichtliche Dimension des Evangeliums betrifft. Sie hat über den tieferen Sinn menschlichen Lebens nichts auszusagen. Wenn das Leben des Menschen nur in Beziehung zur öffentlichen Welt oder historischen Ereignissen bedeutungsvoll ist, dann hat ein Leben nach dem Tod keinen Sinn. Die Bibel lehrt uns aber, daß der Sinn der menschlichen Existenz nicht nur in Beziehung zu historischen Prozessen gefunden werden kann, sondern auch in der letzten Zielbestimmung des Individuums.

Es geht mir nicht darum, für ein individuelles und ahistorisches Verständnis des christlichen Glaubens zu plädieren. Ein solches Verständnis ist nicht nur politisch irrelevant, sondern auch unbiblisch. Die Theologie muß sich der Frage nach der Notwendigkeit eines konkreten „historischen Projekts" stellen, in dem der Glaube sichtbar wird. Wenn es wahr ist, daß „der Glaube das Verstehen sucht", dann sucht er genauso eine historische Realisation. Es müßte aber eigentlich einen besseren Weg geben, um das Öffentliche und das Private, das Soziale und das Persönliche, das gemeinschaftliche und das individuelle Leben zu verbinden, als eine ahistorische Theologie einerseits und eine Theologie, die historischer Verkürzung anheimfällt, andererseits.

Auch hier liegt die Antwort in einer hermeneutischen Wechselbeziehung zwischen der Schrift und der historischen Situation. Wenn es wahr ist, daß die historische Situation der Schrift Fragen stellt („Wie kann Gott in einer unmenschlichen Welt als Vater verkündigt werden?"), dann ist es auch wahr, daß die Schrift der historischen Situation Fragen stellt („Wo bist du?"). „Die größten Anfragen an das Wort Gottes kommen aus der christlichen Praxis,"[39] aber auch: die größten Anfragen an eine christliche Praxis kommen aus dem Wort Gottes. Wenn die Theologie eine Reflexion der Praxis im Licht des Glaubens sein soll, wird sie die Situation im Licht der Schrift und die Schrift im Licht der Situation „lesen" müssen.

Die Befreiungstheologie hat zu Recht die Bedeutung der Gesellschaftswissenschaften betont, steht aber in der Gefahr, die Soziologie überzubewerten.

In der westlichen Tradition hat die Theologie fast durchgängig einen philosophischen Charakter. Unter dem Einfluß des griechischen Rationalismus strebte die Theologie danach, den

Glauben eher den Denkmustern der Zeit anzupassen, als ihn auf politische und sozio-ökonomische Probleme zu beziehen. Sie sah sich selbst als „eine Form intellektuellen Dienstes am Wort Gottes"[40] und neigte daher dazu, die lebenswichtigen Fragen, denen sich die große Mehrheit der Menschen in ihrem täglichen Leben stellen muß, außer acht zu lassen.

Im Gegensatz dazu hat sich die Befreiungstheologie die Sozialwissenschaften (vor allem die Soziologie und Ökonomie) als Dialogpartner gewählt. Das Wort Gottes ist an den Menschen gerichtet. Menschen leben nicht in einer Welt der Ideen, sondern in einer konkreten historischen Welt. Darum hat die Befreiungstheologie völlig richtig erkannt, daß die theologische Reflexion interdisziplinär vorgehen muß und den Dialog mit Disziplinen suchen muß, welche die soziale Realität interpretieren.

Die Sozialwissenschaften werden daher zu einem wesentlichen Aspekt der hermeneutischen Aufgabe.

Die marxistische Analyse bietet durch die Theorie der Unterdrückung und des Klassenkampfes eine globale Interpretation der lateinamerikanischen Situation. Die Anerkennung der Gültigkeit ihrer Erkenntnisse heißt noch nicht, daß man Marxist geworden ist. Zudem kann kein aufrichtiger Christ den biblischen Unterton in den Anklagen von Marx gegen die Ungerechtigkeit leugnen. Die Frage ist jedoch, ob die Befreiungstheologie nicht im großen und ganzen die marxistischen Einsichten in einem größeren Umfang übernommen hat, als durch die biblische Offenbarung gerechtfertigt wäre, und damit einer soziologischen Gefangenschaft unterlegen ist.

Gewiß halten einige daran fest, daß die marxistische Analyse eine strikt „wissenschaftliche Analyse" der historischen Situation sei, und daß sie *als solche* der theologischen Reflexion hilft. Selbstverständlich, so fügen sie hinzu, kann die soziologische Analyse nicht neutral sein. Um wirklich objektiv zu sein, braucht es eine Anzahl von Hypothesen, die die geschichtliche Dynamik berücksichtigen und die die Aktionsrichtung aufzeigen. Aber die Befreiungstheologie betrachtet den Marxismus nicht als eine abstrakte, zeitlose Theorie mit unabänderlichen dogmatischen Formeln. Vielmehr sieht sie den Marxismus als wissenschaftliche Theorie, die „korrigiert, verfeinert, erweitert und ergänzt" werden muß. Eine Theorie jedoch, die sich „als hilfreiches Instrument erwiesen hat, um historische Praxis mit dem Ziel der historischen Verwirklichung der menschlichen Möglichkeiten zu entwerfen."[41]

Folgende Fragen sind an dieser Stelle angebracht:

(1) Wenn der Marxismus als wissenschaftliche Theorie akzeptiert werden soll, welche Vorkehrungen werden getroffen, damit diese Theorie (mit dem philosophischen Prämissen, auf denen sie aufbaut, die Teil eines materialistischen Weltbildes sind) durch den Glaubensgehalt einer echten christlichen Hingabe relativiert wird und damit vom Absolutheitsanspruch bewahrt bleibt?[42] Man muß nicht Reaktionär sein, um zu sehen, daß etwas faul ist, wenn die Theologie Objektivität in der biblischen Interpretation scheut, aber sich stattdessen vom marxistischen Anspruch auf wissenschaftliche Objektivität in der sozioökonomischen Analyse leiten lassen soll. Wie jedes menschliche Werk ist auch diese Analyse nicht freier von den Relativitäten menschlicher Situationen als die biblische Interpretation: Sowohl das Lesen der Bibel, als auch das „Lesen" der historischen Situation werden durch soziale Prägungen beeinflußt. Wenn moralische Fragen mit Hilfe der wissenschaftlichen Analyse bearbeitet werden, so entstehen dabei natürlich mit moralischem Eifer getränkte, materielle Ziele, aber diese dienen kaum der Klärung der wirklichen Fragen, denen man in einer konkreten Situation gegenübersteht.

(2) Wenn man den Marxismus als rein wissenschaftliche Theorie akzeptiert, aus welchem Grund betrachtet man ihn dann *auch* als den historischen Entwurf, in dem sich der christliche Glaube verkörpern muß, um historisch relevant zu werden? Wenn die Befreiungstheologie im Marxismus eine politische Strategie sieht, um „das Reich Gottes zu bauen"[43], so ist sie offensichtlich einer humanistischen Illusion zum Opfer gefallen, die weder mit den historischen Fakten, noch mit der biblischen Offenbarung übereinstimmt. Wir befinden uns dann im Angesicht eines soziologischen Wunschdenkens der Theologie.

Eine Theologie, die, weit entfernt von der sozialen Realität, unfähig ist, die Nöte und Leiden der Armen und Unterdrückten wahrzunehmen, ist keine Alternative. Dies ist nur eine Theologie, die sowohl mit der Schrift, als auch mit der konkreten historischen Situation im Dialog steht; eine Theologie, die sich mit der Manifestation des Reiches Gottes beschäftigt, bzw. mit spezifischen „Zeichen“, die auf das Reich hinweisen, das schon gekommen ist, wie auch auf das, welches noch kommen wird.

Die Befreiungstheologie hat zu Recht betont, wie wichtig es ist, die ideologische Abhängigkeit von der Theologie zu erkennen. Aber sie unterliegt dabei der Gefahr, das Evangelium auf eine Ideologie zu reduzieren.

Die Tatsache, daß die Theologie der westlichen Tradition in einer ideologischen Gefangenschaft lebt, ist jedem offensichtlich, der sich mit der Sache kritisch auseinandersetzt. Das völlige Fehlen eines Eintrags über „Gewalt“[44] in einem Hauptwörterbuch über christliche Ethik, die mageren Kommentare zur biblischen Bedeutung von „arm“ und „Armut“ in einem schulwissenschaftlichen Kommentar zum Evangelium nach Lukas[45] sprechen für sich. Bereits diese wahllos herausgegriffenen Beispiele illustrieren, wie die Ideologie die biblische Wahrheit verkürzt. Solange die Theologie aus akademischen Kreisen kommt, ist klar, daß sie benutzt wird, die Ideologie des *status quo* zu verdecken.

Die Befreiungstheologie ist im Recht, wenn sie behauptet, daß keine biblische Interpretation sozial neutral ist. Míguez Bonino hat das so ausgedrückt: „Jede Textinterpretation, die uns vorgelegt wird (ob als Exegese oder als ethische oder systematische Auslegung), sollte in Beziehung zu *der Praxis* gesehen werden, der sie entstammt. ... daher können wir sicherlich keine Auslegungen aus der 'reichen Welt' akzeptieren, ohne skeptisch zu sein und zu fragen, welche Art von Praxis sie reflektieren, unterstützen oder legitimieren.“[46]

Ist jedoch erst einmal die Relativität der Exegese erkannt, könnte man versuchen, den wissenschaftlichen Ansatz der Schriftforschung zu betonen, um die soziale Bedingtheit zu reduzieren. Dann aber verkommt die Exegese zu einer akademischen Disziplin zur Unterhaltung einiger weniger Mitglieder eines „sehr teuren und exklusiven Clubs.“[47] Biblische Interpretation hört hingegen nie auf, die historische Situation des Interpreten zu reflektieren. Die Theologie kann daher nie frei von ideologischen Verwicklungen sein.

Gibt es überhaupt einen Ausweg aus diesem Teufelskreis, in dem die Ideologie die historische Praxis bestimmt und diese ihrerseits die Theologie? Die Antwort der Befreiungstheologie ist, daß, da keine Neutralität möglich ist, die Bibel auf der Basis der marxistischen sozio-ökonomischen Analyse gelesen werden muß, damit ihre revolutionäre Kraft zum Tragen kommt. Sollte jemand Einwände gegen diese Parteilichkeit vorbringen, würden die Befreiungstheologen antworten, daß „jede Hermeneutik bewußt oder unbewußt parteilich ist. Sie entsteht immer von einem parteilichen Standpunkt aus, auch wenn sie vorgibt und glaubt, neutral zu sein. Deshalb ist es wichtig, daß wir uns die Parteilichkeit unserer Entscheidung und unseres Standpunktes sehr gut bewußt machen."[48]

Hier muß man jedoch tiefer nachfragen. Glaubt man an die Möglichkeit eines objektiven Verständnisses der geschichtlichen Situation, warum wird dann die Möglichkeit eines objektiven Verständnisses der Schrift abgelehnt? Obwohl absolute wissenschaftliche Objektivität ein Mythos ist und ein ideologischer Verdacht daher für die Hermeneutik wesentlich ist, ist die Bibelinterpretation doch zum Scheitern verurteilt, wenn von vornherein die Möglichkeit, den biblischen Text objektiv zu verstehen, total ausgeschlossen wird. Wir dürfen und müssen unsere Objektivität in Zweifel ziehen, aber wir dürfen auch hoffen, daß wir die Bedeutung der Schrift verstehen werden, ohne daß unsere Subjektivität an der Aufgabe hindert, die Schrift zu uns sprechen zu lassen. Was Peter Berger über die Sozialwissenschaften sagt, läßt sich genauso auf die Interpretation der Bibel anwenden: Objektivität ist ein notwendiges Ideal zum theoretischen Verstehen und es bedeutet, daß man versucht, die Wirklichkeit unabhängig von den Konsequenzen zu erkennen, die sich aus der Interpretation für das praktische Leben ergeben könnten; Objektivität in der wissenschaftlichen Methode ist aber nicht unvereinbar mit einer moralischen Verpflichtung und einem Handeln, das aus dieser Verpflichtung resultiert.[49]

Des weiteren, wie kann der Glaube wirklich biblisch bleiben, wenn wir der Schrift nicht das freie Urteil über unsere ideologischen Verpflichtungen zugestehen? Ist das nicht der Fall, dann besteht tatsächlich die Gefahr, das Evangelium in eine Ideologie zu verwandeln. Die Behauptung, jede Theologie sei Klassentheologie, dient dann nämlich gleichzeitig dazu, die Theologie der „Bourgeoisie" in Verruf zu bringen und die Befreiungstheologie zu unterstützen. Dann wäre in der Tat der Weg frei, ein politisches Programm theologisch zu sanktionieren, und das würde in letzter Konsequenz zu einem sozio-politischen System führen, das sich in der Praxis als genauso unterdrückerisch erweisen könnte, wie das System, welches man damit ersetzen wollte.

Eine weit bessere Alternative wäre eine Theologie, die die Bibel nach den ihr innewohnenden Richtlinien liest und darauf verzichtet, sie in eine ideologische Zwangsjacke zu stecken und ihr dadurch menschliche Fesseln anzulegen. Wir brauchen gar nicht zu wählen zwischen einer „reinen" biblischen Theologie und einer „leichtfertigen" Theologie, die sagt: „Wenn ich einen Text benutze, dann bedeutet er nur das, was ich will, daß er bedeutet, nicht mehr und nicht weniger." Es gibt eine dritte Möglichkeit: eine Theologie, die fortwährend die Übereinstimmung der Schrift und des gegenwärtigen Gehorsams sucht durch einen „synthetischen Akt", in dem Vergangenheit und Gegenwart, Wort und Geist zusammengefügt werden. Míguez Bonino hat zu Recht darauf hingewiesen, daß das Heilsgeschehen, z.B. Tod und Auferstehung Jesu Christi, nicht nur Ereignisse der Vergangenheit, sondern auch der Gegenwart sind; die biblischen Texte sind daher Träger des lebendigen Wortes. „Diese Ereignisse und folglich auch das Kerygma, in dem sie uns begegnen, sind uns beim Lesen mit dem ganzen Gewicht ihrer konkreten Geschichtlichkeit wie auch in ihrer machtvollen Wirksamkeit gegenwärtig."[50]

Die Theologie ist Reflexion der Praxis im Licht des Glaubens, in dem Bemühen, dem gesamten Ratschluß Gottes gehorsam zu sein. In ihr verschmilzt also der Horizont der biblischen Texte mit dem Horizont unseres eigenen historischen Kontexts. Weder unser Verständnis der Schrift noch unser Verständnis der konkreten historischen Situation ist für sich ausreichend, wenn nicht beide sich fortwährend austauschen und gegenseitig korrigieren. Folglich ist die Alternative zu einer „Theologie des Wortes" einerseits und einer „Theologie der Praxis" andererseits der hermeneutische Zirkel. In ihm kommt es unter der Führung des Heiligen Geistes und aus der konkreten Situation heraus durch ein tiefgreifenderes Verständnis der Schrift zu einem umfassenderen Verständnis des historischen Kontexts, und durch ein tiefgreifenderes Verständnis des Kontexts zu einem umfassenden Verständnis der Heiligen Schrift.

Grundlegendes zum Thema in deutsch: Reinhard Frieling, Befreiungstheologien, Vandenhoeck und Ruprecht 1984.

VI. Eine Botschaft an den ganzen Menschen

Das Evangelium Jesu Christi ist unabdingbar auch ein ethisches Evangelium. Es handelt von Gottes grenzenloser Liebe, die sich in seinem Sohn zeigt, aber genauso von der Liebe, die er von uns, seinen Kindern, fordert. Es handelt von unserer Beziehung zu Gott, aber auch von unserer Beziehung zu unseren Nächsten. Die enge Verbindung zwischen dem, was Gott für uns in Christus getan hat, und dem, was wir für unseren Nächsten tun sollen, wird uns deutlich gezeigt in 1 Joh 3,16-18: „Daran haben wir die Liebe erkannt, daß er sein Leben für uns gelassen hat; und wir sollen auch das Leben für die Brüder lassen. Wenn aber jemand dieser Welt Güter hat und sieht seinen Bruder darben und schließt sein Herz vor ihm zu, wie bleibt dann die Liebe Gottes in ihm? Meine Kinder, laßt uns nicht lieben mit Worten noch mit der Zunge, sondern mit der Tat und mit der Wahrheit."

1. Gottes Liebe in Jesus Christus

Wie können wir Gottes Liebe je erfassen? Wer kann sie in ihrer ganzen Fülle beschreiben? Kein Versuch, sie zu verstehen oder ihre Wirkung zu ermessen, kann die Wirklichkeit ganz darstellen. Das Maß für Gottes Liebe ist nichts geringeres als die Hingabe seines Sohnes für uns: „Also hat Gott die Welt geliebt, daß er seinen eingeborenen Sohn gab, damit alle, die an ihn glauben, nicht verloren werden, sondern das ewige Leben haben" (Joh 3,16). Wenn Gott sogar seinen eigenen Sohn nicht verschont hat, dann wird er keine Kosten für uns scheuen, um seine Ziele in und durch uns zu erreichen.

Weil Jesus Christus für uns gestorben ist, müssen wir über die Bedeutung von Liebe nicht mehr spekulieren. Wir erkennen die

Liebe, wenn wir sein Opfer ansehen. Sein Tod veranschaulicht das Ausmaß der Liebe: das Sterben des Gerechten für die Ungerechten, des Sündlosen für die Sünder. Wenn jemand eine Demonstration der Liebe braucht, hier ist sie: „Er hat den, der von keiner Sünde wußte, für uns zur Sünde gemacht, damit wir in ihm die Gerechtigkeit Gottes würden, die vor Gott gilt" (2 Kor 5,21). Je mehr wir das Geheimnis des Todes Jesu erfassen, erkennen wir die Liebe – wir erkennen sie als Agape, als gebende Liebe, als die sich für andere aufopfernde Liebe. Wir erkennen sie als die Bereitschaft, das eigene Leben aufzugeben, damit andere leben können; wir erkennen, daß ihr die Menschen so wichtig sind, daß sie bereit ist, für sie zu sterben.

Unsere Rettung wurzelt in Jesu Opfer für uns. Nichts können wir dem hinzufügen, was Gott durch seinen Sohn getan hat, damit wir ewiges Leben haben. Gottes unverdiente Liebe – seine Gnade ist unsere einzige Hoffnung!

Diese Liebe ist die Voraussetzung für die Versöhnung mit Gott und mit unserem Nächsten. Wenn wir wissen, was Liebe ist, weil Jesus sein Leben für uns gegeben hat – das ist eine theologische Aussage –, dann heißt das für uns, daß wir unser Leben geben sollen für unsere Brüder, – das ist eine ethische Herausforderung. Eine persönliche Beziehung zu Gott begründet sich nicht im „korrekten" Verhalten zum Nächsten, aber beides läßt sich nicht voneinander trennen. Jesu Tod ist eine Demonstration der Liebe und gleichzeitig ein Beispiel, dem wir folgen sollen.

Angesichts des Kreuzestodes Jesu ist Liebe nicht ein Angebot, das wir annehmen oder ablehnen können, sondern eine Schuld, die wir bezahlen müssen. „Und daran merken wir, daß wir ihn kennen, wenn wir seine Gebote halten" (1 Joh 2,3). Keines seiner Gebote ist verbindlicher und umfassender als dieses, daß wir andere lieben, so wie er uns geliebt hat. Nächstenliebe ist die einzige sinnvolle Antwort auf Jesu Opfer.

Der Bezug auf „die Brüder" in unserem Abschnitt verdeutlicht, daß es sich in erster Linie um die Beziehungen innerhalb der christlichen Gemeinde handelt. Das sagt Jesus zu seinen Nachfolgern: „Daran wird jedermann erkennen, daß ihr meine Jünger seid, wenn ihr Liebe untereinander habt" (Joh 13,35). Liebe kann und darf jedoch nicht auf die Gemeinde beschränkt bleiben. Jesus lehrt, daß die christliche Liebe grenzenlos ist und sogar die Feinde einschließt. Sie richtet sich nach dem Vorbild des Vaters im Himmel, „denn er läßt seine Sonne aufgehen über Böse und Gute und läßt regnen über Gerechte und Ungerechte“ (Mt 5,45). Wenn Jesus sein Leben gegeben hat als „die Versöhnung für unsere Sünden, nicht allein aber für die unseren, sondern auch für die der ganzen Welt“ (1 Joh 2,2), dann muß die Liebe, mit der wir seine Liebe erwidern, selbstverständlich in der christlichen Gemeinde geübt werden, aber nicht nur da, sondern auch darüber hinaus.

Weil die Liebe sich in Jesu Tod offenbarte, muß sie nicht mehr definiert werden – sie kann in Jesu Opfer gesehen und erlebt werden. Deshalb können wir das Selbstopfer nur als das Gesetz der Liebe, das Gesetz des Evangeliums, das höchste Gesetz des Lebens sehen.

2. Gottes Sorge für die Notleidenden

Solange Liebe als ein hohes Ideal gilt, sind sich alle einig. Die Schwierigkeiten entstehen, wenn es um die Umsetzung geht. Aber Liebe als selbstaufopfernder Dienst und nicht als hohes Ideal ist das Thema unseres Abschnittes.

Es ist ein erstaunlicher Sprung von 1 Joh 3,16 zu 17. Vers 16 spricht von der in Jesu Tod deutlich gewordenen Liebe und Vers 17 von Menschen, die dieser Welt Güter haben, und Brüdern, die darben. Wo ist da der Zusammenhang? Werden hier nicht Dinge miteinander verbunden, die nichts miteinander zu tun haben?

Die Antwort lautet: Der Gott, der in Jesus seine Liebe gezeigt hat, ist auch der Gott, der in der ganzen Schrift eine besondere Fürsorge für die Armen zeigt. Er ruft seine Kinder dazu auf, seine Liebe in Taten für die Bedürftigen umzusetzen. Es fällt auf, daß das Alte Testament oft von Notleidenden, Fremden, Vaterlosen, Witwen, Schwachen und den Unterdrückten redet! Ganz offensichtlich ist der Gott des Alten Testamentes ein Gott, der Gerechtigkeit liebt (Ps 99,4); ein Gott, der sich der Sache der Unterdrückten annimmt und den Hungrigen Brot gibt, der die Gefangenen befreit, der die Blinden sehend macht, der die Bedrückten aufrichtet, der die Gerechten liebt, der über dem Fremden wacht, der die Vaterlosen und Witwen erhält, der die Wege der Bösen zunichte macht (Ps 146,7-9). Mit anderen Worten: Er stellt sich auf die Seite der Armen. Kein Wunder, daß Jesus Christus als der Träger des Gottesreiches sich in besonderem Maß derer annahm, die gesellschaftlich an den Rand gedrängt und unterdrückt waren: der Blinden, der Lahmen, der Aussätzigen, der Gelähmten, der Prostituierten, der Besessenen! Seine Botschaft war in einer sehr konkreten Weise gute Nachricht für die Armen (Lk 4,18; Lk 7,22). Es war eine Botschaft der Liebe und der Gerechtigkeit.

Ausgehend von diesen Beispielen aus dem Alten Testament und der Verkündigung Jesu ist der Zusammenhang, den Johannes herstellt, nicht verwunderlich. Der Zusicherung, „daß er sein Leben für uns gelassen hat", folgt die Aufforderung an uns, die Liebe Gottes umzusetzen in Hilfe für Bedürftige. Liebe und Gerechtigkeit gehören untrennbar zusammen. Biblische Gerechtigkeit umfaßt die Verteidigung der Opfer von Ungerechtigkeiten, das Aufrichten der Gebeugten, das Wiedereinsetzen der Schwachen und Unterdrückten in ihre gottgegebenen Rechte. Steve Charles Mott schreibt dazu: „Wenn wir unserer Verpflichtung nachkommen wollen, für alle Menschen Lebensmöglichkeiten und Wohlbefinden zu sichern, bedürfen einige unserer Fürsorge mehr als andere... Um allen gleiche Rechte einzuräumen, muß man auf ungleiche Bedürfnisse unterschiedlich reagieren. Gerechtigkeit muß parteiisch sein, um unparteiisch zu sein. Nur indem man den Armen und Unterdrückten besondere Aufmerksamkeit schenkt, kann man dem 'Prinzip der gleichen Berücksichtigung aller menschlichen Interessen' nachkommen."[1]

Fürsorge für die Armen aus der Sicht biblischer Gerechtigkeit heißt, Sorge zu tragen für die Bedürftigen, ihrem Mangel zu begegnen, damit sie ihre Aufgabe vor Gott und in der Gesellschaft erfüllen können. Das bekräftigt die Behauptung, daß Gleichgültigkeit gegenüber Menschen in Not unvereinbar ist mit der Liebe Gottes. Mit dem in unserem Text angesprochenen Mangel sind die Entbehrungen gemeint, die durch materiellen Besitz aufgehoben werden können. Es bleibt kein Raum für den Gedanken, daß wir uns um die geistlichen Bedürfnisse zu sorgen hätten, aber die materiellen außer acht lassen könnten. Oder daß Gott interessiert sei an Evangelisation, aber nicht an sozialer Verantwortung. Echtes christliches Engagement ist immer Engagement für den *ganzen Menschen.*

Darum ist jede menschliche Notlage eine Gelegenheit, Gottes Liebe in aufopfernden Dienst umzusetzen. Kaum einer von uns wird dazu berufen sein, sein Leben als Märtyrer für andere zu geben; aber wir sind alle dazu berufen, Gottes Sorge für die Armen und Unterdrückten zu teilen. Überall wo es Menschen fehlt an Nahrung, Wasser, Kleidung, Wohnung, medizinischer Hilfe, Ausbildung, Arbeit oder Freiheit ist das ein Ruf Gottes an uns zu einem ungewöhnlichen materiellen Opfer. Um der Liebe Gottes willen, die sich in Jesus Christus zeigt, wird ihre Not zu unserer Verpflichtung. Die Erfüllung dieser Pflicht muß Vorrang haben vor unserem eigenen Wohlergehen, unserem Vergnügen und unserem Luxus. Die Beseitigung ihrer notvollen Lage ist für sie gottgegebenes Recht und für uns gottgegebene Verantwortung.

Unser Abschnitt erwähnt zwei Voraussetzungen, die den Christen mit seiner Verantwortung, das Gerechte zu tun, konfrontieren:

(1) Er muß sehen, daß ein Mensch in Not ist.

(2) Er muß in der Lage sein zu helfen.

Erinnern wir uns an den barmherzigen Samariter, der den unter die Räuber Gefallenen sah und der sich seiner annahm.

Die Welt ist voll ohnmächtiger Menschen, die unter die Räuber gefallen sind und verzweifelt auf Hilfe hoffen. Ungefähr 800 Millionen Menschen, die meisten von ihnen leben in der Zwei-Drittel-Welt, sind in der Falle absoluter Armut gefangen. Ungefähr 10.000 Menschen verhungern jeden Tag. Worte sind völlig unzureichend, um den Menschen der Wohlstandsgesellschaft das Schicksal der Menschen zu beschreiben, die von lokaler, nationaler und internationaler Ungerechtigkeit betroffen sind. Der Bericht der *Independent Commission on International Development Issues* (Unabhängige Kommission für internationale Entwicklungsfragen) unter dem Vorsitz von Willy Brandt schreibt dazu: „Wenige Menschen im Norden können sich ein genaues Bild machen von Ausmaß und Art der Armut in der Dritten Welt. Hunderttausende von Menschen in den ärmeren Ländern sind allein damit beschäftigt, ums Überleben zu kämpfen und ihre elementarsten Bedürfnisse zu stillen. Für sie gibt es oft keine Arbeit, oder der Lohn ist minimal und die Bedingungen oft unerträglich. Die Wohnungen werden aus unbeständigem Material gebaut und haben weder fließend Wasser noch sanitäre Anlagen. Elektrizität ist ein Luxus. Es gibt sehr wenig Ärzte und in den ländlichen Gebieten sind sie nur selten zu Fuß zu erreichen. Grundschulen sind zwar – wo sie vorhanden sind –

frei, aber die Kinder müssen bei der Arbeit helfen und können deshalb nicht zur Schule gehen. Die Armen leben in permanenter Unsicherheit. Es gibt kein staatliches System für Sozialhilfe im Fall von Arbeitslosigkeit, Krankheit oder Tod des Versorgers einer Familie. Flutkatastrophen, Dürren oder Erkrankungen der Menschen oder des Tierbestandes können die Lebensunterhaltsquelle zerstören, ohne daß Hoffnung auf Schadensersatz besteht. Auch die Menschen im Norden sehen sich handfesten wirtschaftlichen Problemen gegenüber – Unsicherheit, Inflation, die Angst vor Arbeitslosigkeit oder tatsächliche Arbeitslosigkeit. Aber sie leiden höchst selten unter annähernd vergleichbaren Entbehrungen wie die Menschen der südlichen Hemisphäre. Für die Menschen im Süden ist es unvorstellbar, daß die Länder im Norden sich selbst nicht als reiche Länder betrachten."[2]

Unsere moderne Gesellschaft sorgt dafür, daß die Besitzenden sich vor der erschütternden Wirklichkeit der massiven Armut verstecken können. Selbst in Lateinamerika, wo man die dramatischen Ausmaße der Armut überall mit Händen greifen kann, habe ich Menschen getroffen, die noch nie eines der abertausend Elendsviertel, die die Städte umgeben, von innen gesehen haben. Trotz allem müssen wir uns nicht übermäßig anstrengen, um hilfsbedürftige Menschen zu sehen, – „nicht nur so einen Blick im Vorübergehen, sondern wirklich sehen, lange genug, um die Umstände ihrer Situation begreifen und verstehen zu können".[3] Das Problem ist, daß die meisten von uns zu sehr mit sich selbst beschäftigt sind, um den Bruder in Not zu sehen, oder daß wir zu „himmlisch" gesinnt sind, um etwas „weltlich" Gutes zu tun.

Selbstverständlich müssen wir auch helfen können, wenn wir den Armen helfen sollen. Materieller Besitz (in unserem Text „die Güter dieser Welt") ist sehr nützlich, um die Liebe zu den Notleidenden in einer sehr konkreten Weise umzusetzen. Aber wieviel müssen wir besitzen, ehe wir uns fähig fühlen, den Armen zu helfen? Meine eigene Erfahrung lehrt mich, daß die freigebigsten Menschen oft nicht die sind, die viel haben, sondern die, die wenig haben, oft sogar sehr wenig. Die Bibel lehrt uns zu opfern, wenn wir geben. Paulus fordert sogar die Bereitschaft: „arbeite und schaffe mit eigenen Händen das nötige Gut, damit er dem Bedürftigen abgeben kann" (Eph 4,28). Erinnern wir uns daran, auf was es beim Geben ankommt: nicht so sehr, wieviel wir geben, sondern wieviel wir zurückbehalten. Jesus sagt, daß die arme Witwe, die zwei Scherflein gab, mehr gegeben hat als alle anderen, die aus ihrem Reichtum gaben. „Sie aber hat von ihrer Armut alles eingelegt, was sie zum Leben hatte" (Lk 21,4).

Ehe der barmherzige Samariter sich des Menschen annahm, der unter die Räuber gefallen war, hatten zwei gläubige Menschen – ein Priester und ein Levit – den armen Mann, der ihre Fürsorge gebraucht hätte, schon gesehen. Aber beide gingen an ihm vorüber. Was bewegte den Samariter dazu, anders zu handeln? Die Antwort ist klar: Als er ihn sah, jammerte er ihn (Lk 10,33). In den Worten unserer alten spanischen Übersetzung heißt es: Er wurde von Mitleid bewegt. Was ist Mitleid anderes als Solidarität und Identifikation mit den Armen? Aber wie kann dieses Mitgefühl in uns wachsen in Gesellschaften, in denen es gelungen ist, die Wohlhabenden von den Plätzen der Armut entfernt zu halten?

Jim Wallis schrieb dazu: „Nähe zu den Armen ist entscheidend für unsere Fähigkeit zum Mitleiden. Nur durch Nähe beginnen wir die Wirklichkeit der Armut zu sehen, zu berühren und nachzuvollziehen."[4]

Gleichgültigkeit gegenüber den Bedürfnissen der Armen ist weder vereinbar mit *Gottes Liebe zu uns,* die sich in Jesus Christus gezeigt hat, noch mit *unserer Liebe zu Gott.* Calvin lehrt: „Wenn wir unseren Nächsten in Not sehen und helfen ihm nicht, wenn wir sehen, daß er wahrscheinlich einen Verlust erleiden wird, und wir schaffen keine Abhilfe, obwohl wir es könnten, sind wir Verbrecher vor Gottes Augen. Das ist ein hartes Urteil; Menschen werden es vielleicht anfechten..., aber aller Widerspruch muß schweigen, denn Gott hat es oft gesagt, und sein Urteil ist unwiderruflich."[5]

Liebe verlangt nach Gerechtigkeit. Wenn wir das Gerechte nicht tun, leugnen wir die Liebe. Es wird vielleicht nie von uns gefordert, unser Leben (unsere *psyche,* V 16) für andere zu opfern. Wir werden vielleicht nie die Liebe in dieser letzten Konseqenz erfüllen müssen. Aber es wird von uns erwartet, daß wir unsere materiellen Besitztümer (unser *bios,* V 17, in anderem Zusammenhang übersetzt als „Leben") opfern für die, die in Not sind, d.h. wir können es nicht vermeiden, wenigstens die Minimalforderung der Liebe zu erfüllen: Gerechtigkeit. Ohne Gerechtigkeit ist unsere Liebe unecht. Lewis B. Smedes schreibt: „Wenn Liebe sich nicht für Gerechtigkeit einsetzt, erreicht sie wahrscheinlich nichts."[6]

3. Gottes Ruf zu christlicher Glaubwürdigkeit

Liebe ist weit mehr als ein inneres Gefühl. Liebe hat nichts zu tun mit Sentimentalität, frommen Reden oder Schmeichelei. Gute Wünsche für Menschen in Not sind billig. Gott selbst hat nicht nur über Liebe gesprochen, sondern er gab seinen Sohn für uns in den Tod. Seitdem kann wahre Liebe nur „in der Tat und in der Wahrheit" bestehen. „Es gibt keine echte Liebe ohne Gerechtigkeit und keine echte Gerechtigkeit ohne Liebe. Wenn wir lieben handeln wir gerecht. Und indem wir gerecht handeln, zeigt sich die Echtheit unserer Liebe. Gerechtigkeit ist Liebe in Aktion."[7]

Ähnliches schreibt Jakobus über seinen Glauben: „Was hilft's, liebe Brüder, wenn jemand sagt, er habe Glauben, und hat doch keine Werke? Kann denn der Glaube ihn selig machen? Wenn ein Bruder oder eine Schwester Mangel hätte an Kleidung und an der täglichen Nahrung und jemand unter euch spräche zu ihnen: Geht hin in Frieden, wärmt euch und sättigt euch!, ihr gäbet ihnen aber nicht, was der Leib nötig hat – was könnte ihnen das helfen? So ist auch der Glaube, wenn er nicht Werke hat, tot in sich selber" (Jak 2,14-17).

Der Härtetest für die Echtheit unserer Liebe ist das Tun des Gerechten gegenüber den Armen und Unterdrückten. Martin Luther sagt dazu, daß ein selbstsüchtiger Mensch nie den Armen und am Rande Stehenden, die ihm nichts zurückzahlen können, helfen wird, aber er wird sich keine Gelegenheit entgehen lassen, den Mächtigen, Reichen und Einflußreichen etwas Gutes zu tun, weil er selbst von ihnen etwas zu seinem Vorteil erhalten kann.[8] Luther hatte sehr recht. Wenn die Liebe Gottes in uns ist, können wir nicht gleichgültig gegen unseren Bruder in Not sein. Dieser Gedanke ist ein Ruf zu christlicher Echtheit, eine Aufforderung, die gebende Liebe zum Gesetz des Lebens zu machen – als Antwort auf Gottes Liebe in Jesus Christus.

Unser Text enthält keinen Hinweis darauf, wie wir Menschen in Not konkret helfen können. Offensichtlich muß die Reaktion sich nach der Situation richten. Aber ich möchte folgende Ratschläge geben:

Der Ort, an dem unser Handeln einsetzen sollte, ist die Gemeinde.

Die erste Gemeinde in Jerusalem hat uns ein Beispiel gegeben, was geschieht, wenn Christen erkennen, daß Gott nicht interessiert ist an körperlosen Seelen, sondern an der ganzen Person. Wir lesen in Apostelgeschichte 2 und 4: „Sie verkauften Güter und Habe und teilten sie aus unter alle, je nach dem es einer nötig hatte" (Apg 2,45; siehe auch Apg 4,32-37). Was würde geschehen, wenn mehr Christen und mehr Gemeinden in reichen und in armen Ländern bereit wären, radikale Schritte zu unternehmen, um ihr wirtschaftliches Leben so zu strukturieren, daß jeder erhält, was er braucht? Sicherlich hätte die Welt dann die Möglichkeit zu sehen, daß Gottes Liebe für uns keine Privatsache ist, sondern eine Macht, die groß genug ist, auch sozio-ökonomische Ordnungen zu verändern und Werte und Einstellungen zu schaffen, die ins Reich Gottes passen.

Wir müssen darauf achten, daß unsere Evangelisation das ganze Evangelium und die ganze Person ernst nimmt.

Evangelisation ist nicht nur ein Angebot von Vorteilen, die Christus für uns errungen hat. Evangelisation ist auch ein Ruf zur Buße, und Buße schließt eine kostspielige Umorientierung des Lebens in der Welt ein. Was würde geschehen, wenn mehr Christen, denen es wirklich darum geht, Menschen zu Christus zu bringen, sich entscheiden würden, nicht die Ganzheit des Evangeliums zu opfern um größerer Zahlen willen? Was würde geschehen, wenn mehr „reiche Jünglinge", die das Evangelium hören, auch mit der Herausforderung Jesu konfrontiert würden: „Geh hin, verkaufe alles, was du hast, und gib's den Armen, so wirst du einen Schatz im Himmel haben, und komm und folge mir nach!" (Mk 10.21)? Die Gemeinden wären dann vielleicht zahlenmäßig kleiner, aber sie würden aus Menschen bestehen, die die Kosten der Nachfolge abgewogen haben.

Wir müssen alles tun, was wir können, um die Gerechtigkeit in der Gesellschaft auf lokaler, nationaler und internationaler Ebene zu fördern.

Die „Evangelikale Verpflichtung zu einfachem Lebensstil"

von 1980 sagt: „Bei Armut und maßlosem Wohlstand, Militarismus und Rüstungsindustrie und bei der ungerechten Verteilung von Kapital und Rohstoffen geht es um Fragen von Macht und Machtlosigkeit. Ohne eine Umverteilung der Macht durch strukturelle Veränderung können diese Probleme nicht gelöst werden.“[9]

Wir müssen Wege finden, die zur notwendigen Veränderung beitragen. Wir müssen auf der Seite der Armen stehen und aktiv auf eine Weltordnung hinarbeiten, in der ihre Rechte voll anerkannt werden. Ganz sicher ist es ein Selbstbetrug zu glauben, das Reich Gottes könne in seiner ganzen Fülle vor der Wiederkunft Christi verwirklicht werden.

Aber das widerspricht nicht der Notwendigkeit, für ein weitgehendes Gestaltwerden von Gottes Reich der Liebe und der Gerechtigkeit hier und jetzt zu beten und zu arbeiten. Wenn wir uns freuen auf „einen neuen Himmel und eine neue Erde..., in denen Gerechtigkeit wohnt“ (2 Petr 3,13), dann können wir sicher sein, daß unsere bescheidenen Versuche, mehr Gerechtigkeit auf dieser Erde zu verwirklichen, mit Gottes Willen übereinstimmen. „Da Gott eines Tages alle Tränen abwischen wird, betrübt es uns, Menschen *jetzt* leiden zu sehen. Da eines Tages völliger Friede herrschen wird, sind wir gerufen, *jetzt* Friedensstifter zu sein; da wir eines Tages eine völlige Errettung erleben werden, müssen wir uns *jetzt* der Entbehrung und Ungerechtigkeit widersetzen.“[10]

Es wird immer wieder gesagt, daß man alles, was Gott uns getan hat, in dem Wort „Gnade“ zusammenfassen und alles, was wir in Erwiderung darauf tun können, in dem Wort „Dankbarkeit“ ausdrücken kann. Man könnte hinzufügen, daß die Echtheit unseres Dankes Gott gegenüber ebenso wie die Echtheit unseres Glaubens sich in unserer Haltung gegenüber den „Brüdern in Not“ zeigt. Am Ende werden wir nicht nach unserem Reden gerichtet, sondern nach unserem Tun gegenüber den Hungrigen, Durstigen, Fremden, Nackten, Kranken und Gefangenen – in einem Wort: den Armen (Mt 25,31-46).

Nachwort von C. René Padilla

Die verschiedenen Kapitel dieses Buches sind aus engagierten Vorträgen auf einer ganzen Anzahl von internationalen Konferenzen im Laufe der letzten Jahre entstanden. Die meisten wurden ursprünglich in englischer Sprache veröffentlicht.

Das erste Kapitel „Neutestamentliche Perspektiven für einen einfachen Lebensstil" enthält zwei Vorträge. Den ersten Teil erarbeitete ich für die internationale „Konsultation über einfachen Lebensstil" in Hoddesdon (England) im März 1980. Diese Konsultation wurde veranstaltet von der Arbeitsgruppe für Theologie und Erziehung des Lausanner Komitees für Weltevangelisation. Sie hat mit der Arbeitsgruppe für Ethik und Gesellschaft der theologischen Kommission der World Evangelical Fellowship zusammengearbeitet. Die Konsultation hatte zum Ziel, folgende Frage zu klären: „Gibt es die Pflicht, einen einfachen Lebensstil zu entwickeln, um wirksamer zu Hilfsmaßnahmen beizutragen?" Darauf hatten die Unterzeichner der Lausanner Verpflichtung mit Ja geantwortet. Mein Vortrag wurde zunächst in Englisch veröffentlicht, in der Konferenz-Dokumentation *Lebensstil in den 80er Jahren: Eine evangelikale Verpflichtung zu einem einfachen Lebensstil* (Hrsg.: Ronald J. Sider, Exeter: Paternoster, 1981, Philadelphia: Westminster Press, 1982).

Der zweite Teil dieses Kapitels ist dem Vortrag „Jesus und die Armut" entnommen, den ich im Rahmen einer Vortragsreihe über Armut und Reichtum auf einer Konsultation für Mitarbeiter von Jugend- und Studentenorganisationen hielt. Die Konsultation fand im Februar 1985 auf Schloß Reichenberg im Odenwald auf Initiative des Deutschen Instituts für Jugend und Gesellschaft statt.

Kapitel zwei: Im November 1979 fand in Lima (Peru) der zweite lateinamerikanische Kongress für Evangelisation, CLADE II, statt. In deutlichem Gegensatz zu CLADE I (Nov.

1969 in Bogotà) sah dieser Kongress Evangelisation und sozialpolitische Verantwortung als eine untrennbare Einheit. Unter dem Motto „Lateinamerika soll Seine Stimme hören“ ging er von der Lausanner Verpflichtung als Bezugsrahmen aus, versuchte dann ihre Bedeutung für die konkrete Wirklichkeit von Armut und Unterdrückung, Korruption und Machtmißbrauch in diesem Kontinent herauszuarbeiten.

Das zweite Kapitel „Christus und der Antichrist in der Verkündigung der Bibel“ war mein Beitrag zu diesem Kongress. Er wurde ursprünglich in der Zeitschrift *Pastoralia* (Bd.2, Nr.4-5, Nov.1980) in spanischer Sprache veröffentlicht.

Das dritte Kapitel dieses Buches, „Der Auftrag der Kirche im Licht der Königsherrschaft Gottes“, erschien ursprünglich in der April/Juni-Ausgabe (1984) der Zeitschrift *Transformation.* Der Artikel stellt die leicht veränderte Form eines Vortrages der Konsultation über das Verhältnis von Evangelisation und sozialer Verantwortung (Grand Rapids, Michigan 1982) dar. Die Konferenz wollte eine direkte Diskussion zwischen den beiden Gruppen ermöglichen, die die Lausanner Verpflichtung unterschiedlich interpretierten. Die einen betonten, daß „Evangelisation und sozial-politische Verantwortung Teil unserer christlichen Verpflichtung sind“ (Absatz 5). Die anderen vertraten die Auffassung, „daß der Auftrag und aufopferungsvolle Dienst der Kirche zuallererst in der Evangelisation liege“ (Absatz 6).

Kapitel vier wurde ursprünglich in deutsch veröffentlicht (in: *Evangelische Mission Jahrbuch 1978).* Es handelt sich um einen Vortrag, den ich im September 1977 auf einer Konferenz des Evangelischen Missionswerkes hielt. In einer überarbeiteten Fassung reichte ich ihn im August 1978 als Arbeitspapier auf der 4. Konferenz der Internationalen Vereinigung für Missionswissenschaften in Maryknoll, New York, ein. Er diente als Einführungsreferat, mit dem ich mich als Mitglied in dieser Vereinigung vorgestellt habe. Die Arbeit in dieser Vereinigung ist für mich eine sehr befriedigende Aufgabe.

Kapitel fünf: Es ist weithin bekannt, daß es in den letzten Jahren in Lateinamerika zu einem theologischen Aufbruch gekommen ist, zum Großteil unter dem Stichwort ‚*Befreiungstheologie*‘. 1981 wurde ich gebeten, ein Referat über diese theologische Richtung zu halten, und zwar auf der 3. Internationalen Konferenz der „Institutions for Christian Higher Education“ am Dordt College im Sioux Center, Iowa (USA). Dieses Referat wurde zuerst in den Konferenzunterlagen veröffentlicht (John C.Vander Slelt, *The Challenge of Marxist and Neo-Marxist Ideologies for Christian Scholarschip;* Sioux Center, Iowa: Dordt College Press, 1982).

Das sechste Kapitel ist ein Referat, das ich auf dem Missionskongress „Explo'85" im Dezember 1985 in Berlin hielt. Es will zeigen, auf welche Weise ich immer wieder versuche, Gottes Wort sprechen zu lassen. Mein Ziel ist es, zu zeigen, daß es in der Mission um den ganzen Menschen geht.

Dem Leser wird inzwischen aufgefallen sein, daß eine Reihe von Vorträgen in diesem Band in der Bundesrepublik Deutschland gehalten wurden. Vor mehr als 25 Jahren habe ich dieses Land zum erstenmal besucht. Damals konnte ich mir nicht vorstellen, daß ich in den darauffolgenden Jahren so oft zu deutschen Zuhörern sprechen würde. Nun wurde es durch die Ermutigung und Hilfe meiner lieben Freunde in der Offensive Junger Christen möglich, diesen Sammelband mit Aufsätzen in deutscher Sprache herauszugeben. Meinen ganz herzlichen Dank an Horst-Klaus Hofmann und seine Mitarbeiter. Wenn dieser Band dazu beiträgt, daß unsere Mission wieder ganzheitlich und unsere gespaltene Welt wieder heil wird, dann sei Gott dafür gedankt.

Buenos Aires, 1986 *C. René Padilla*

Anmerkungen

I. Neutestamentliche Perspektiven für einen einfachen Lebensstil

1 siehe Martin Hengel, *Eigentum und Reichtum in der frühen Kirche*, Stuttgart: Calwer Paperback, 1973, S. 20-30.

2 Hengel, *Eigentum*, S. 34.

3 Julio de Santa Ana, *Gute Nachricht für die Armen: die Herausforderung der Armen in der Geschichte der Kirche*, Wuppertal: Jugenddienst Verlag, 1979, und Ronald J. Sider, *Der Weg durchs Nadelöhr: Reiche Christen und Welthunger*, Neukirchen-Vluyn: Aussaat, 1985[5].

4 siehe Colin Brown (Hrsg.), *Dictionary of New Testament Theology*, Exeter: Paternoster Press, 1971, S. 824-25.

5 Dussel, „The Kingdom of God and the Poor" in: *International Review of Mission 68*, April 1979, S. 124.

6 John H. Yoder, *Die Politik Jesu – der Weg des Kreuzes*, Maxdorf: Agape, 1981, und Robert Slaon, *The Favorable Year of the Lord: A Study of Jubilee Theology in the Gospel of Luke*, Austin: Scholar Press, 1977.

7 I. Howard Marshall, *Commentary on Luke*, (New International Greek New Testament Commentary), Grand Rapids: William B. Eerdmans, 1978, S. 249.

8 Gauthier, *Los pobres, Jesús y la Iglesia*, Barcelona: Editorial Estela, 1965, S. 20.

9 Die Konzeption des Gemeinschafts-Charakters geht davon aus, daß eine bestimmte Gruppe von einzelnen eine Einheit bildet, die der einer Person ähnlich ist, und daß die ganze Gruppe von jedem einzelnen ihrer Mitglieder vertreten wird, so, wie auch jeder einzelne ein Abbild der Gruppe als Ganzes ist. Für eine Diskussion dieser Konzeption des Gemeinschafts-Charakters und dessen Bedeutung für die Interpretation der Schrift siehe Russell P. Shedd, *Man in Community*, London: Epworth Press, 1958. Die Interpretation von „einen unter diesen meinen geringsten Brüdern" ist für die Auslegung von Mt 25, 31-46 von grundlegender Bedeutung. Daß dieser Ausdruck auf die Solidarität Jesu mit seinen Jüngern hinweist, wird von Mt 10, 40-42 unterstrichen (vgl. auch Mk 9,41), wo der Becher kalten Wassers und die Aufnahme, die dort erwähnt werden, ebenfalls darauf hinweisen, daß diese Stelle im gleichen Rahmen zu berücksichtigen ist wie Mt 25, 31-46.

10 die Worte *tous pepoihotas epi chremasin* in Mk 10,23, alte Lutherfassung, sollten aus einer Reihe älterer Übersetzungen getilgt werden.

[11] siehe Hengel, *Eigentum,* S. 40.

[12] siehe Hengel, *Eigentum,* S. 60-64.

[13] E. F. Schumacher, *Small is Beautiful* (Rückkehr zum menschlichen Maß, Hamburg: Rowohlt), London: Sphere Books Ltd., 1974, S. 20.

[14] Bob Goudzwaard, *Contemporary Society and the Idea of Progress,* Grand Rapids: William B. Eerdmans, 1976, S. 107f.

[15] René Padilla, „Geistliche Auseinandersetzung" in René Padilla (Hrsg.) *Zukunftsperspektiven,* Wuppertal: Brockhaus, S. 195-210: 199. Die dort angeführte Literatur ist Josué de Castro, *El Libro negro del hambre,* Buenos Aires: Endeba, 1971, S. 69.

[16] Nicholas Wolterstorff, *When Justice and Mercy Embrace,* Grand Rapids: William B. Eerdmans, 1983.

[17] Goudzwaard, *Contemporary Society,* S. 183f.

[18] Schumacher, *Small is Beautiful,* S. 23.

II. Christus und der Antichrist in der Verkündigung der Bibel

[1] In den *Schmalkaldischen Artikeln* sagt Luther: „Darum so wenig wir den Teufel selbst für einen Herrn oder Gott anbeten können, so wenig können wir auch seinen Apostel, den Papst oder Endechrist, in seinem Regiment zum Häupt oder Herrn leiden. Denn Lügen und Mord, Leib und Seel zu verderben ewiglich, das ist sein päpstlich Regiment eigentlich, wie ich dasselbe in vielen Büchern beweiset habe." (Schmalkaldischer Artikel, Teil II, Art. IV in: *Die symbolischen Bücher der evangelisch-lutherischen Kirche,* deutsch und lateinisch. J.T. Müller (Hrsg.), Gütersloh: „Der Rufer" Ev.Verlag, 1928[12], S.309). George Milligan vertritt die Auffassung, daß man von einigen löblichen Ausnahmen abgesehen, davon ausgehen kann, daß die Gleichung „der Papst oder das Papsttum ist der Antichrist" etwa zweihundert Jahre lang die vorherrschende Ansicht protestantischer Exegeten gewesen sei (*St. Paul's Epistels to the Thessalonians,* 1908, Neuauflage Grand Rapids: William B. Eerdmans, 1952, S.169).

[2] Der Begriff „Antichrist" wird nur in den Johannesbriefen verwendet (fünfmal), aber es ist offensichtlich, daß die Vorstellung auch in den anderen erwähnten Abschnitten lebendig ist.

[3] Siehe R.A. Cole, *The Gospel according to St. Mark. An Introduction and Commentary,* London: Tyndale Press, 1961, S.202. Der Bezug zu den römischen Heeren in Lk 21,20 ist eindeutig.

[4] Das Nomen *Greuel* (*to bdelugma*) mit dem Genus Neutrum wird durch ein maskulines Partizip (*estekota*) modifiziert.

[5] Geerhardus Vos, *The Pauline Eschatology,* Grand Rapids: William B. Eerdmans, 1961, S.118.

[6]Leon Morris hat recht, wenn er sagt: „Es ist viel besser, in der Apokalypse lediglich einen Teil der Botschaft der Kirche zu sehen. Sie drückt einige Dinge recht gut aus, besonders die sehnsüchtige Erwartung des Endes" (*Apocalyptic,* Grand Rapids: William B. Eerdmans, 1972, S.86). Nachdem wir die Richtigkeit dieser Aussage festgestellt haben, soll aber auch gesagt werden, daß es notwendig ist, den Wert der Apokalypse zu sehen für die *Konsequenzen, die in der Gegenwart* daraus für das Werk Jesu Christi zu ziehen sind. Denn im Werk Christi geht es zugleich um die Vergangenheit und um die Zukunft.

[7] Für unsere Zwecke gehen wir von einer Definition der *Modernisierung* aus, die besagt: „Modernisierung besteht demnach in dem Wachstum und der Ausbreitung einer Gruppe von Institutionen, deren Wurzel in der Verwandlung der Wirtschaft durch die Technik liegt" (Peter Berger, Brigitte Berger, Hanifried Kellner, *Das Unbehagen in der Modernität,* Frankfurt: Campus, 1977, S.14)

[8] Berger, *Das Unbehagen,* (Amerikanische Ausgabe: The Homeless Mind, New York: Random House, 1973, S.9).

[9] Raymond Aron, *La Era Tecnológica,* Montevideo: Editorial Alfa, 1968, S.59.

[10] Die Entwicklung in China nach dem Tod Maos zeigt die „Konvergenz der Systeme". Damit soll nicht der grundlegende Unterschied zwischen dem kapitalistischen und dem sozialistischen Modell auf der *ideologischen* Ebene geleugnet werden. In der Praxis allerdings richten sich beide Systeme nach materiellen Werten; beide bestimmen den Lebensstandard grundsätzlich nach ökonomischen Maßstäben. Was Octavio Paz über die Situation in Mexiko sagt, gilt in gleicher Weise für viele lateinamerikanische Länder: „Im heutigen Mexiko mißtrauen wir daher – ausgenommen einige Überspannte – der 'Entwicklung'; wir möchten einen Kurswechsel für unsere Gesellschaft, aber die Rechts- wie die Linksparteien, so unversöhnlich sie auch untereinander sind, stimmen einem selbstmörderischen Fortschrittskult zu" (*Der menschenfreundliche Menschenfresser: Geschichte und Politik 1971-1980,* Frankfurt: Suhrkamp, 1984², S.58).

[11] Aron, *La Era Tecnológica,* S.65.

[12] Evangelisation und die Welt in *Alle Welt soll sein Wort hören: Lausanner Kongress für Weltevangelisation,* Telos-Dokumentation 901, Stuttgart: Hänssler, Bd.1, S.147-174.

[13] René Padilla, „Geistliche Auseinandersetzung" in René Padilla (Hrsg.), *Zukunftsperspektiven,* Wuppertal: Brockhaus, 1977, S.195-210.

[14] „Lausanner Verpflichtung, Absatz 12" in *Alle Welt,* S.16.

[15] Eine der wesentlichsten Eigenschaften jeder Gesellschaft, in der der Säkularismus vorherrscht, ist der Glaube an die Vernunft. Von diesem Standpunkt aus gesehen, kann man sagen, daß die moderne Gesellschaft nicht unreligiös ist. Mit den Worten von Eduard Heimann: „Der Grundbegriff der modernen weißen Gesellschaft ist der Begriff der Vernunft. Das moderne Zeitalter unterscheidet sich von früheren Zeitaltern und auch von zeitgenössischen nichtabendländischen Gesellschaften dadurch, daß es die Vernunft und die von ihr geschaffenen Wissenschaften zu Führern im Aufbau des gesellschaftlichen Lebens erhebt. In der Anerkennung der wissenschaftlichen Vernunft als Führerin im gesellschaftlichen Leben sind abendländischer Westen und der Osten, der freiheitliche und der gleichheitliche Flügel der modernen Gesellschaft, grundsätzlich einig" (*Vernunftglaube und Religion in der modernen Gesellschaft,* Tübingen: Mohr, 1955, S.14).

[16] Paz, *Der menschenfreundliche Menschenfeind,* S.11-12.

[17] Jacques Ellul, *The Politics of God and the Politics of Man,* Grand Rapids: William B. Eerdmans, 1972, S.126.

[18] „Lausanner Verpflichtung, Absatz 12" in *Alle Welt,* S.16

[19] „Lausanner Verpflichtung, Absatz 4" in *Alle Welt,* S.11

[20] Die gleiche Ideologie hat auch in anderen Ländern an Boden gewonnen. Richard J. Barnet schreibt z.B. im Hinblick auf die Vereinigten Staaten: „Die nationale Sicherheit ist ein modernes Zauberwort. Wie bei jedem Zauberwort ist es voll von großen Kräften und von Geheimnissen. Im Namen der nationalen Sicherheit kann man alles angreifen, kann man jedes Risiko eingehen, darf jedes Opfer verlangt werden. Ob man Versammlungen sprengt, Telefone abhört, im Kongress Betrug begeht – alles ist im Namen der nationalen Sicherheit möglich" („Challenge to the Myth of National Security" in: *New York Times Magazine* 1.April 1979). Militärausgaben werden mit der nationalen Sicherheit gerechtfertigt. Im Jahre 1977 betrugen die Militärausgaben weltweit bereits 433 Millionen US Dollars, obgleich die Vereinigten Staaten damals schon genug Atombomben hatten, um die Weltbevölkerung zwölfmal zu vernichten.

[21] James Edward Lesslie Newbigin, *Eine Welt – ein Glaube?*, Basel: Basilea, 1963, S.107-108.

III. Der Auftrag der Kirche im Licht der Königsherrschaft Gottes

[1] Ob dieser Begriff schon vor 70 n.Chr. von den Rabbinen benutzt wurde, kann nicht mit Sicherheit festgestellt werden. W.D. Davies nimmt mit P. Volz an, daß diese Vorstellung älter ist als der Begriff, der sie bezeichnet (*The Setting of the Sermon on the Mount*, Cambridge: Cambridge University Press, 1964, S.183). Wir können nicht ausschließen, daß Jesus als erster die Terminologie von den zwei Äonen gebraucht hat (siehe Mk 10,30; Lk 18,30; Mt 12,32 etc.).

[2] George Eldon Ladd, *The Presence of the Future: The Eschatology of Biblical Realism*, Grand Rapids: William B. Eerdmans, 1974, S.93.

[3] Oskar Cullmann, *Christus und die Zeit*, Zürich: Theologischer Verlag, 1962[3], S.84ff.

[4] Ladd, *The Presence of the Future*, S.318ff.

[5] Ladd, *A Theology of the New Testament*, Grand Rapids: William B. Eerdmans, 1974, S.111.

[6] James Edward Lesslie Newbigin, *Sign of the Kingdom*, Grand Rapids: William B. Eerdmans, 1980, S.19.

[7] Arthur P. Johnston, *The Kingdom in Relation to the Church and the World* (Vortrag von den Konsultationen zum Verhältnis von Evangelisation und sozialer Verantwortung in Grand Rapids, vom 19.-26. Juni 1982), S.28 (in deutsch ist von diesem Autor über die Entwicklung der Mission erschienen: *Umkämpfte Weltmission*, Stuttgart: Hänssler, 1984).

[8] a.a.O. S.29, siehe auch S.44.

[9] a.a.O. S.17.

[10] Von diesen beiden Überzeugungen verwirft Johnston die erste und übernimmt die zweite. Joachim Jeremias bemerkt richtig: „Nirgendwo im antiken Judentum noch sonst im Neuen Testament finden wir die Vorstellung, daß die Königsherrschaft Gottes inwendig im Menschen, etwa im Herzen befindlich sei; ein solches spiritualistisches Verständnis ist sowohl für Jesus als auch für die urchristliche Überlieferung ausgeschlossen." *Theologie des Neuen Testamentes:* Die Verkündigung Jesu, Gütersloh: Gütersloher Verlagshaus, 1979[3].

[11] „Lausanner Verpflichtung, Absatz 6" in *Alle Welt soll sein Wort hören:* Lausanner Kongress für Weltevangelisation, Telos–Dokumentation 901, Stuttgart: Hänssler, Bd. 1, S.12.

[12] Johnston, *The Kingdom in Relation*, S.23.

[13] „Lausanner Verpflichtung, Absatz 5“ in *Alle Welt*, S.11.

[14] W. Pannenberg, *Theology of the Kingdom of God*, Richard John Neuhaus (Hrsg.), Philadelphia: Westminster Press, 1974, S.9 (im Deutschen erschienen als *Theologie und Reich Gottes*, Gütersloh: Mohn, 1971).

IV. Partnerschaft in der Mission

[1] A. J. Boyds, *Christian Encounter*, Edinburgh: The Saint Andrews Press, 1961, S. 19.

[2] „Lausanner Verpflichtung, Absatz 9“ in *Alle Welt soll sein Wort hören: Lausanner Kongreß für Weltevangelisation*, Telos-Dokumentation 901, Stuttgart: Hänssler, S. 14.

[3] Jacques Ellul, *The Meaning of the City*, Grand Rapids: Wm. B. Eerdmans, 1970, S. 147.

[4] Stephan C. Neill, *Geschichte der christlichen Mission*, Niels Moritzen (Hrsg.), Erlangen: Evangelisch-Lutherische Mission, 1974, S. 354.

[5] Lesslie Newbigin, *Missionarische Kirche in westlicher Welt: Der Dreieinige Gott und unsere Sendung*, Bergen-Enkheim: Kaffke, 1966, S. 43.

[6] René Padilla, „Evangelisation und die Welt“ in *Alle Welt soll sein Wort hören*, Stuttgart: Hänssler, S. 175-194: S. 185.

[7] Ronald J. Sider, *Der Weg durchs Nadelöhr: Reiche Christen und Welthunger*, Wuppertal: Aussaat, 1981^3, S. 107.

[8] David Auletta, *Mision en un Mundo Nuevo*, Buenos Aires: Editorial Guadalute, 1974. S. 87.

[9] Hendrik Hart, *Latin America: Report of a Visit*, ein vervielfältigter Brief von 1975.

[10] Radical Christianity: An Interview with John H. Yoder, in: *Right on*, Februar 1975, S. 12.

[11] Edwin und Irene Weaver, *From Kuku Hill: Among Indigenous Churches in West Africa*, Elkhart, Indiana: Institute of Mennonite Studies, 1975.

[12] E. F. Schumacher, *Rückkehr zum menschlichen Maß: Alternativen für Wirtschaft und Technik*, Hamburg: Rowohlt, 1981^6, S. 18.

[13] Max Warren, *Partnership: The Study of an Idea*, London: SCM Press Ltd., 1956, S. 11.

V. Wahrheiten und Irrtümer in der Befreiungstheologie

[1] Gustavo Gutiérrez, *Theologie der Befreiung* (Gesellschaftliche und theologische Systematische Beiträge 11), München: Kaiser, 1985^8, S. 21.

[2] J. Andrew Kirk, *Liberation Theology: An Evangelical View from the Third World*, London: Marshall, Morgan & Scott, 1979, S. 206.

[3] Gutiérrez, *Theologie der Befreiung*, S. 7-10.

[4] Gutiérrez, *Theologie der Befreiung*, S. 16.

[5] José Míguez Bonino, *Christians and Marxists: The Mutual Challenge to Revolution,* London: Hodder and Stoughton, 1976, S. 31ff; nach Juan Luis Segundo „ist die progressivste Theologie in Lateinamerika mehr daran interessiert *befreiend zu sein* als *über Befreiung zu sprechen.* Mit anderen Worten: um Befreiung geht es weniger im Inhalt als in der Methode, die wir anwenden, wenn wir im Blick auf unsere Realität theologisch handeln." *Liberación de la theología,* Buenos Aires: Ediciones Carlos Lohle, 1975, S. 13.

[6] Míguez Bonino, *Christians,* S. 40; siehe auch José Míguez Bonino, *La fe en busca de eficacia,* Salamanca: Ediciones Sígueme, 1978, S. 114ff.

[7] Gutiérrez, *Theologie der Befreiung,* S. 17; siehe auch Roberto Oliveros, *Liberación y Teología: génesis y crecimiento de una reflexión, 1966-77,* Lima: Centro de Estudios y Publicaciones, 1977, S. 109.

[8] Gutiérrez, *Theologie der Befreiung,* S. 19.

[9] Gutiérrez, *Theologie der Befreiung,* 16ff, et passim.

[10] Hugo Assmann, *Opresión – Liberación: desafio a los cristianos, Montevideo: Tierra Nueva, 1971, S. 141.*

[11] *Gutiérrez, „Praxis de liberación: teología y anuncio" in: Concilium, 96:* 1974, S. 353-374.

[12] Raúl Vidales, „Cuestiones en torno al método en la teología de la liberación" in *La nueva frontera de la teología en Améroca Latina,* Rosino Gebellini (Hrsg.), Salamanca: Ediciones Sígueme, 1977, S. 46.

[13] Severino Croatto, *Libertad y Liberación: pautas hermenéuticas,* Lima: Centro de Estudios y Publicaciones, 1978, S. 129.

[14] Segundo, *Liberación,* S. 12; ähnliche Aussagen macht Oliveros: „der Gebrauch der Rationalität der Sozialwissenschaften ist neben der Philosphie der ursprüngliche Beitrag der lateinamerikanischen Theologie" *Liberación y Teología,* S. 115.

[15] Assmann, *Opreción,* S. 65.

[16] Gutiérrez, *Theologie der Befreiung,* S. 284.

[17] Gutiérrez, *Theologie der Befreiung,* S. 78.

[18] Oliveros, *Liberación y Teología,* S. 320.

[19] Gutiérrez, *Theologie der Befreiung, S. 59*

[20] *Segundo, „Capitalismo – socialismo, crux theologica"* in *La nueva frontera de la teología,* S. 223ff; Für das Verständnis seines Arguments sind seine Definitionen von Sozialismus und Kapitalismus wichtig: „Wir verstehen unter Sozialismus ein politisches Regime, in dem die Produktionsmittel Privatpersonen weggenommen werden und übergeordneten Institutionen insoweit übertragen werden, als sie mit dem Gemeinwohl betraut sind. Unter Kapitalismus verstehen wir das politische Regime, in dem das Eigentum der Produktionsmittel dem freien Wettbewerb unterliegt" (S. 231).

[21] Segundo, „Capitalismo – socialismo", S. 238.

[22] Segundo, *Liberación de la Teología,* S. 124.

[23] Segundo, *Liberación de la Teología,* Kap. 2.

[24] Segundo, *Liberación de la Teología,* S. 45.

[25] Segundo, *Liberación de la Teología,* S. 45.

[26] eine Darstellung dieser und anderer Argumente findet sich bei Oliveros, *Liberación y Teología,* S. 295ff; und Robert McAffee Brown, *Theology in a New Key,* Philadelphia: The Westminster Press, 1978, Kap. 4.

[27] Míguez Bonino, *La fe,* S. 116.

[28] siehe René Padilla, „Hermeneutics and Culture: A Theological Perspective", in *Gospel and Culture,* John Stott and Robert T. Cook (Hrsg.), Pasadena: William Corey Library, 1979, S. 83ff.

[29] Assmann, *Opreción,* S. 67.

[30] Assmann, *Opreción,* S. 97.

[31] Segundo, *Masaas y minoriás en la dialéctica divina de la liberación,* Buenos Aires: Editorial La Aurora, 1973, S. 94.

[32] Míguez Bonino, *La fe,* S. 119.

[33] siehe Malcolm A. Jeeves, *The Scientific Enterprise and the Christian Faith,* London: The Tyndale Press, 1969, S. 35ff.

[34] Arthur Holmes, *Faith Seeks Understanding,* Grand Rapids: William B. Eerdmans, 1967.

[35] Míguez Bonino, *La fe,* S. 124.

[36]siehe Thomas Luckmann, *Christlicher Glaube in moderner Gesellschaft Bd. 25,* Franz Böckle u. a. (Hrsg.), Freiburg: Herder, 1980, S. 9-22.

[37] Gutiérrez, *Revelación y anuncio de Dios en la historia,* Lima: Miec/Jeci, 1977, S. 21

[38] Gutiérrez, *Revelación y anuncio,* S. 8.

[39] Gutiérrez, *Revelación y anuncio,* S. 5.

[40] Willie D. Jonker, *Church and Theology in the Contemporary World,* Grand Rapids: Reformed ecumenical Synod, 1977, S. 8.

[41] Míguez Bonino, *La fe,* S. 121.

[42] dazu siehe Nicholas Wolterstorff, *Reason within the Bounds of Religion,* Grand Rapids: William B. Eerdmans, 1976.

[43] nach Juan Luis Segundo ist „der Grundzug aller Befreiungstheologien, daß Menschen sowohl politisch wie auch individuell das Reich Gottes schon jetzt in der Geschichte bauen" („Capitalismo – socialismo", S. 229).

[44] siehe John Macquarrie, *A Dictionary of Christian Ethics,* London: SCM Press, 1967.

[45] siehe J. Howard Marshall, *Commentary on Luke,* Grand Rapids: William B. Eerdmans, 1978.

[46] Míguez Bonino, *La fe,* S. 117.

[47] Gutiérrez, *Revelación y anuncio,* S. 4.

[48] Segundo, *Liberación de la Teología,* S. 341.

[49] Peter L. Berger, *Welt der Reichen, Welt der Armen: Politische Ethik und sozialer Wandel,* München: List, 1976, S. 163ff.

[50] Míguez Bonino, *La fe,* S. 127ff.

VI. Eine Botschaft an den ganzen Menschen

[1] Steve Charles Mott, *Biblical Ethics and Social Change,* New York: Oxford University Press, 1982, S.66.

[2] *North-South: A Programme for Survival,* London: Pan Books, 1980, S.49.

[3] Brooke zitiert in: John Stott, *The Epistles of John,* London: The Tyndale Press, 1964.

[4] Jim Wallis, *Bekehrung zum Leben: Nachfolge im Atomzeitalter,* Moers: Brendow Verlag, 1983, S.73.

[5] Calvin, Predigt über 5. Mose 22,1.4.

[6] Lewes B. Smedes, *Mere Morality: What God Expects from Ordinary People,* Grand Rapids: William B. Eerdmans, 1983, S.55.

[7] Howard A. Snyder, *A Kingdom Manifesto,* Downers Grove: InterVarsity Press, 1985, S.55.

[8] „Predigt über Lukas 16,19-31" in *D. Martin Luthers Werke,* Weimar, 1905, Bd.10, 3.Abt., S.176-200.

[9] „An Evangelical Committment to Simple Lifestyle" in: Ronald J. Sider (Hrsg.), *Lifestyle in the Eighties,* Exeter: The Paternoster Press, 1982, S.17.

[10] *Brief an die Gemeinden: Wheaton'83,* IDEA Dok. 25/83 (Unterstreichungen durch den Verfasser).